中国石油天然气集团有限公司统建培训资源

四精管理工法

李 炯　王柏苍 ◎主编

石油工业出版社

图书在版编目（CIP）数据

四精管理工法 / 李炯，王柏苍主编 . -- 北京：石油工业出版社，2025.2. -- ISBN 978-7-5183-3964-8

Ⅰ . F272

中国国家版本馆 CIP 数据核字第 2025Y8U447 号

四精管理工法

李　炯　　王柏苍　主编

出版发行：石油工业出版社
　　　　　（北京市朝阳区安华里二区 1 号楼 100011）
网　　　址：www.petropub.com
编　辑　部：（010）64523609　图书营销中心：（010）64523633
经　　　销：全国新华书店
印　　　刷：北京中石油彩色印刷有限责任公司

2025 年 2 月第 1 版　2025 年 2 月第 1 次印刷
710 毫米 ×1000 毫米　开本：1/16　印张：20.75
字数：255 千字

定　价：69.00 元
（如发现印装质量问题，我社图书营销中心负责调换）
版权所有，翻印必究

《四精管理工法》
编委会

主　任：李　炯　　王柏苍

副主任：韩青华　　吴谋远　　刘孝成　　王　昕

委　员：陈　亮　　田　蕾　　陈丛生　　张　煜

　　　　仇经纬　　郎晓彤　　刘丽丽　　冯　泽

　　　　常　涵　　张鹏程　　董　雨　　逯昌伯

　　　　高　超　　曲　会　　黄晓林　　谭　慧

序　言

管理是企业核心竞争力的重要组成部分，直接关系到企业的生存与发展。近年来，面对日益激烈的市场竞争和复杂多变的外部环境，越来越多的企业在管理上开始了更加深入的探索与求精之路。几年前，我结合自己从北新集团到中国建材集团的多年管理实践，提出组织精健化、管理精细化、经营精益化的"三精"管理理念，并于2020年上半年将其提炼为"三精十二化"，在国内业界引起一些共鸣。这一时期，中国石油着眼于应对国际油价大幅震荡、实现企业发展战略的需要，也提出了"四精"管理理念——经营上精打细算、生产上精耕细作、管理上精雕细刻、技术上精益求精，得到广大干部员工的广泛认同。

有了好的管理理念，如何有效贯彻和推动落地，是企业管理者需要解决的现实问题。从自己多年从事企业管理的经验体会来看，管理靠人，要让好的理念持之以恒地有效推行，最好的方式是推行管理工法化。具体来说，就是运用先进的管理理论和经验，结合企业实际，针对相关思路流程，精炼出喜闻乐见、简单易行、便于推广的实战方法，把近似枯燥的管理变成一场场活动，有助于让大家对这些工法耳熟能详，从工法的复制中取得成效，在管理活动中找到乐趣和成就感，推动管理举措持之以恒地进行下去。

因此，这本《四精管理工法》的面世，不仅可以推动中国石油"四精"管理理念落地见效，而且对国内企业管理的工法化推广具有重要促进作用。

四精管理工法

从该书内容的广度看,编写组依托中国石油这样一家大型央企的深厚沉淀,发挥团队著书的显著优势,围绕"四精管理"主题,广泛搜集了国内外百年来的69种经典管理工法,并通过严谨的逻辑分析、筛选归类,整理为四大类11小类,使得不同企业和企业管理人员都能通过该书找到适合自身的"四精"管理工法。例如,着眼于绩效管理的精雕细刻,该书列举了绩效飞轮、360度考核、平衡计分卡、OKR工作法、PBC考核、敏捷绩效管理、贝勃定律等七种管理工法,这些理论和方法在很多大型企业都得到成功应用和验证,取得了显著成效。

从该书内容的深度看,编写组通过严谨细致的工作,对69种工法从概念、形成背景、实操方法、应用案例、经验启示5个方面,分别进行了简明、清晰的阐述,系统解答了各种管理工法"是什么、为什么、怎么做、效果怎么样"等关键问题,为读者提供了工具书式的参考。特别是针对每一种工法,该书均列举了其在国内外知名企业的成功应用案例,深入浅出,通俗易懂,既有理论的高度,又有实践的深度,能够让读者很容易看得懂、学得会,具有很强的可操作性和借鉴意义。

相信这本融合了东西方管理智慧、编写组集体智慧的佳作,一定可以为广大企业管理者提供有益借鉴和启示,也必将助推更多中国企业加快向世界一流企业迈进。

中国上市公司协会会长
中国企业改革与发展研究会首席专家

前　言

管理，既是科学也是艺术，是企业永恒的主题，是止于至善的事情，需要在不断实践发展、吸纳革新中实现超越。

管理的历史源远流长，在工业革命前，人们已经开始探索实践。十九世纪六七十年代，由于第二次工业革命的出现，大机器生产对管理方式、组织形式提出了全新要求，人们开始对管理进行系统研究。然而，管理理论从诞生、发展到成形，和其他科学理论一样，经历了漫长的积累过程，直到20世纪初，管理学才成为一门正式学科。自美国管理学家泰勒首次提出科学管理之后，各种各样的管理理论迅速发展，先后涌现出德鲁克、戴明等一大批管理大师，美国通用电气、日本丰田汽车等知名企业，先后提出5S管理、6σ管理、波士顿矩阵、看板系统等一系列先进管理理念和管理工具。纵观发展历史，管理理论经历了古典管理、现代管理、当代管理等不同发展阶段，很好地支撑了社会进步和企业发展。

在当今这个充满挑战和机遇的时代，管理思想、管理工具的变革与创新、集成与融合深刻地影响着企业发展，已经成为企业核心竞争力的关键所在。面对纷繁复杂的管理理念和管理工具，如何做到在学习中继承、在创新中发展，是每个管理者都要面对的课题。

中国石油作为国有大型央企和跨国能源公司，非常重视企业管理。特别是近年来，面对国际能源价格大幅震荡、能源安全形势严峻和建设基业长青世界一流企业迫切需要，新一届党组创新

四精管理工法

提出了经营上精打细算、生产上精耕细作、管理上精雕细刻、技术上精益求精的"四精"管理理念，并融入企业生产经营管理全流程，中国石油所属企业在探索实践中取得了积极成效。在此过程中，大家也形成了普遍共识，那就是需要对国内外各种先进科学、成熟有效的管理理念和工具进行系统梳理，以便广大企业管理者统筹选择、使用适合本企业的管理工具。基于这种需求，《四精管理工法》一书应运而生。本书聚焦经营、生产、管理、技术四个方面，系统梳理并精心筛选了69个在全球范围内广泛运用的经典管理理论和工具，比如SWOT分析法、4P理论、阿米巴模式、PDCA循环等，并详细介绍了这些理论和工具从理念提出到实践再到广泛传播的历史脉络。书中不仅通过对中国、美国、英国、日本等不同国家以及汽车制造、机械加工、运输物流、科技信息、连锁商超、银行金融、酒店餐饮等不同行业各具代表企业的经典案例进行分析，帮助大家理解每个管理工具的适应场景，还给出了简洁明了的实操方法，便于管理者能够快速掌握并应用于实际工作。此外，书中给出的经验启示，对于管理者更加科学精准地用好每一个管理工具也有很强的指导意义。

管理是一个永无止境、不断探索的过程，唯有结合自身实际，找到适合自己的方法和工具，才能取得事半功倍的效果。本书旨在为管理者提供一个学习和交流的平台，期待每一位读者都能在《四精管理工法》的海洋中找到属于自己的宝藏，并将其转化为推动企业发展的生动实践和具体成效。

本书编写得到了中国石油政策研究室、人力资源部、法律和企改部的悉心指导和帮助，全体编写组成员在此表达衷心的感谢！

目 录

第一篇 精打细算谋经营

第一章 经营战略
第一节 SWOT 分析法：帮助组织找准优劣势 / 2
第二节 PEST 模型：全面了解宏观环境 / 9
第三节 波特五力模型：分析行业竞争态势 / 14
第四节 波士顿矩阵：如何规划产品组合 / 19
第五节 通用矩阵：实现战略资源有效配置 / 24
第六节 SPACE 矩阵：综合评估战略位置和发展方向 / 30

第二章 营销策略
第一节 4P 理论：选择适当的营销战略组合 / 35
第二节 4C 理论：以追求客户满意为目标 / 40
第三节 4R 理论：以关系为核心的营销策略 / 44
第四节 长尾理论：让今天的冷门变成明天的热门 / 48
第五节 范围经济：增加品类，降低成本 / 53
第六节 数字营销：在互联网时代打造爆款 / 58
第七节 黑客增长：基于用户行为数据优化完善 / 62
第八节 蓝海战略：通过价值创新开拓新市场 / 67

第三章　运营战术

第一节　阿米巴模式：如何成为运营高手 / 70

第二节　对标管理：如何比竞争对手更出色 / 74

第三节　谷仓效应：打破组织边界 / 79

第四节　CS 战略：以顾客满意为目标 / 83

第五节　水坝式经营：适应变化留余地 / 87

第六节　聚变管理：实现业务能量几何级增长 / 91

第二篇　精耕细作抓生产

第一章　优化流程

第一节　PDCA 循环：循序渐进地提高质量 / 96

第二节　JIT 方法：及时制造，减少库存 / 101

第三节　约束理论：聚焦瓶颈问题，实现系统提升 / 106

第四节　价值流程图：一目了然改善问题 / 110

第五节　作业基础管理：重视增值获利的流程 / 114

第二章　优化生产

第一节　5S 管理：精益生产的根基 / 118

第二节　清单管理：加强动态式过程管控 / 122

第三节　定置管理：实现人、物、场所一体化 / 126

第四节　看板系统：实时掌握生产状态 / 131

第五节　TPM 管理：把设备人员培养成维修专家 / 135

第六节　快速换模：缩短作业转换时间 / 139

第三章　优化质量

第一节　6σ 管理：追求零缺陷生产 / 144

第二节　TQM 管理：全面质量管理 / 149

目 录

第三节　QC 小组：员工自主参与质量管理 / 154

第四节　塔古奇理论：用低成本获取高质量 / 158

第五节　奥迪特法：依据客户要求检验质量 / 162

第六节　质量追溯制：增强员工责任感 / 167

第七节　"三基"管理：筑牢企业高质量发展根基 / 171

第三篇　精雕细刻强管理

第一章　项目管理

第一节　甘特图：直观了解项目规划与进度 / 178

第二节　关键路径法：将项目拆分成可管理的任务 / 183

第三节　PERT 图：展示任务之间依赖关系 / 188

第四节　里程碑计划：有效跟踪项目进展 / 192

第五节　RACI 图：明确不同角色在项目中的职责 / 195

第二章　绩效管理

第一节　绩效飞轮：让管理"飞"起来 / 200

第二节　360 度考核：收集全视角评估信息 / 205

第三节　平衡计分卡：沿着战略轨道均衡发展 / 209

第四节　OKR 工作法：聚焦于寻找并实现目标 / 212

第五节　PBC 考核：以承诺为核心的绩效管理循环 / 217

第六节　敏捷绩效管理：让员工与企业共同成长 / 221

第七节　贝勃定律：用逐渐适应机制降低管理阻力 / 226

第三章　团队管理

第一节　古狄逊定理：不做被累坏的管理者 / 229

第二节　X-Y 理论："胡萝卜加大棒"与"启发诱导" / 234

第三节　格雷欣法则：避免一般人才驱逐优秀人才 / 239
第四节　彼得原理：晋升并非合适的选择 / 243
第五节　T 型管理：让员工自由地分享沟通 / 247
第六节　刺猬法则：找到持久合作的适度距离 / 252
第七节　马斯洛理论：激励就是发现并满足员工需求 / 256

第四篇　精益求精促创新

第一章　理念创新

第一节　工程思维：让不可能变成可能 / 264
第二节　设计思维：像设计师一样思考问题 / 269
第三节　辩证思维：更加全面地认识世界 / 274
第四节　系统思维：构建复杂问题的全局视角 / 280
第五节　门径管理系统：使用关卡决策资源分配 / 284
第六节　敏捷开发：快速响应外界变化 / 289
第七节　JTBD 模型：追踪用户期望创造产品 / 293

第二章　方法创新

第一节　TRIZ 方法：发明家式的解决途径 / 296
第二节　EDA 软件：工业设计发展的基石 / 302
第三节　数字孪生：创造可控的数字化克隆体验 / 306
第四节　深度神经网络：用 ChatGPT 一类的工具提高效率 / 310
第五节　虚拟现实：创造身临其境的工作体验 / 315

参考文献 / 319

第一篇

精打细算谋经营

第一章　经营战略

第一节　SWOT 分析法：帮助组织找准优劣势

◉ 概念阐述

SWOT 分析法是一种系统性的战略规划工具，通过深入剖析企业内部的优势（Strengths）与劣势（Weaknesses），以及外部环境的机会（Opportunities）与威胁（Threats），企业可以识别出自身的核心竞争力、潜在风险以及外部环境中存在的机遇与挑战，为企业的战略制定、计划实施以及对策调整提供科学依据。SWOT 分析法的核心在于构建一个二维矩阵，对企业的内部因素（优势和劣势）与外部因素（机会和威胁）进行细致的梳理、分类、分析、比较，它广泛应用于企业的战略规划、市场定位、产品开发以及竞争策略分析等领域。

◉ 形成背景

20 世纪 60 至 70 年代，随着企业战略规划的兴起，SWOT 分析法的雏形开始形成。斯坦福研究所的阿尔伯特·汉弗莱在分析企业中长期计划失败的原因时，提出了"SOFT 分析法"，其核心思想为后续的 SWOT 分析法提供了重要的启示。此后，哈佛商学院的教授肯尼斯·安德鲁斯在 1971

年发表的经典著作《公司战略概念》中，首次提出了一个战略分析的框架，将战略定义为"公司可以做的"与"公司能做的"之间的匹配。这里的"可以做"指的是外部环境提供的机会与威胁，而"能做"则指的是公司内部自身的优势与劣势，这一思想为 SWOT 分析法的形成奠定了基础。20 世纪 80 年代初，美国旧金山大学国际管理和行为科学教授海因茨·韦里克发展了 SWOT 分析法。他将 SWOT 的内外部因素进行两两组合，形成了后来常用的战略分析矩阵，通过对公司内部条件和外部环境的综合分析，实现资源的优化配置和战略的精准定位。

◉ 实操方法

1. 明确分析目的与范围

分析目的可以是为企业制定长期战略规划、评估市场进入策略、优化产品组合等。分析范围可以涵盖整个企业、特定部门、产品线或市场区域等。明确目的和范围有助于确保分析的针对性和有效性，避免太过发散。

2. 收集信息

为了全面评估企业的内外环境，需通过查阅企业文档、行业报告、市场研究数据、竞争对手分析报告等多种渠道收集以下信息：

（1）内部信息：企业的历史、组织架构、财务状况、产品线、市场定位、人员配置、技术创新能力、生产能力、运营效率等，用于识别企业的优势和劣势。

（2）外部信息：包括行业趋势、竞争对手情况、政策法规、市场需求、技术发展、经济环境等，用于识别外部环境中的机会和威胁。

3. 内部环境分析（优势和劣势分析）

优势：识别企业在技术、品牌、市场、资源等方面的优势。这些优势可能包括技术领先、品牌知名度高、市场份额大、产品质量优良、生产效率高等。

劣势：识别企业在某些方面相对于竞争对手的不足或缺陷。这些劣势可能包括产品创新能力不足、生产成本高、市场定位不准确、组织架构僵化等。

4. 外部环境分析（机会和威胁分析）

机会：分析外部环境中的有利因素，包括市场需求增长、技术进步带来的新产品或服务机会、政策支持等。

威胁：识别外部环境中的不利因素，包括经济环境的不稳定、竞争对手的威胁等。

5. 构建 SWOT 矩阵

将收集到的信息按照 SWOT 的四个维度进行分类整理，构建 SWOT 矩阵。在矩阵中，可以详细列出企业的优势、劣势、机会和威胁，并对其进行评估和分析。评估时可以采用定性或定量的方法，对每个因素进行打分或排序，以便更直观地了解各个因素的重要性和紧迫性。

6. 制订战略与计划

在深入分析 SWOT 矩阵的结果后，需要结合企业的具体情况和发展愿景，制定相应的战略与计划，采取以下四种主要战略方向。

（1）SO战略：利用企业现有的优势和外部机遇，采取增长型战略，积极推进产品开发策略，不断创新和优化产品线，以满足市场的新需求，提升市场份额，实现企业的快速增长。

（2）ST战略：发挥内部优势，减弱外部威胁，企业需考虑实施多元化经营策略。在保持核心业务稳定发展的基础上，探索与核心业务相关的新领域，形成业务间的协同效应，有助于企业利用现有资源，拓展新的市场和客户群体。

（3）WO战略：弥补内部弱点，利用外部机会，企业应采取扭转型战略，通过技术创新、管理优化、人员培训等措施，逐步改善企业在某些方面的不足。

（4）WT战略：面临外部威胁和企业弱势领域，企业可采取防御性或收缩性战略，减少资源投入，维持现状或择机退出。

SWOT分析法可以综合运用上述四种战略方向，结合企业实际情况，制订出具体可行的战略与计划（图1-1）。

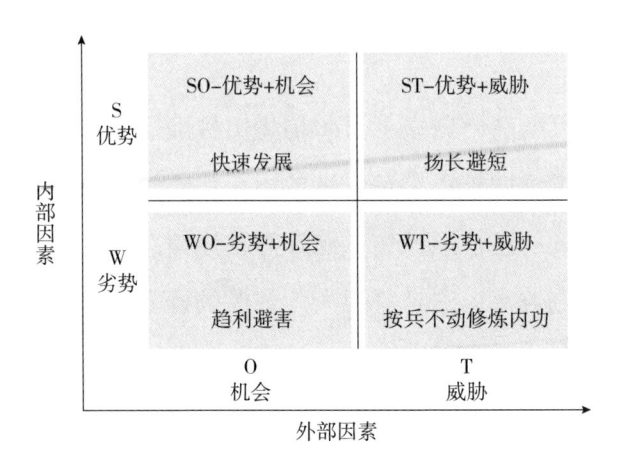

图1-1 根据SWOT组合形成的战略选择

7. 实施与监控

将制订的战略与计划付诸实施，并定期对实施过程进行监控和评估。监控和评估可以通过设定关键绩效指标来衡量战略的实施效果。根据实施情况，及时调整战略与计划以确保目标的实现。

8. 总结与反思

在完成SWOT分析后，对整个分析过程进行总结和反思。总结分析过程中的发现、挑战以及成功之处，为未来的战略规划提供宝贵的经验和教训。

◎ 应用案例

1996年，沃尔玛在全球的销售额突破1000亿美元，在《财富》500强排行榜上名列第11位。作为世界第一大零售商巨头，沃尔玛一系列的并购扩张吸引了业界对其战略选择的深入探讨。

1. 优势

一是品牌认可度高，树立了沃尔玛物美价廉、货物齐全、一站式购物的形象，销售额持续增长；二是先进的国际化物流系统，每件商品在全国范围内的每个卖场的运输、销售、储存等物流信息都可以清晰地看到，增强了沃尔玛的物流效率；三是重视人力资源的开发和管理优秀的人才，对优秀员工进行培训并建立忠诚度。

2. 劣势

一是难以面面俱到，尽管沃尔玛拥有品类完整的优势，但对某些细分领域的控制力不够强；二是进入市场有限，沃尔玛显示出扩张到全球的愿景，但是目前只开拓了少数国家的市场。

3. 机会

一是可采用灵活合作的方式，专注特定市场采取收购、合并或者战略联盟的方式与其他国际零售商合作，更快切入新市场；二是新兴市场国家的消费能力提升，存在拓展市场的机会；三是新形式商场带来的商机，更接近消费者的商场和建立在购物中心内部的商店，可以使过去仅仅是大型超市的经营方式变得多样化；四是沃尔玛对大型超市战略的坚持与商超行业的大型化、一体化发展趋势一致。

4. 威胁

沃尔玛的行业领先地位始终被后来者挑战，沃尔玛在零售业的领头羊地位使其成为很多竞争对手的赶超目标。

◎ 经验启示

（1）SWOT分析应定期进行，以及时反映内外部情况的变化，这种系统性的自我审视不仅有助于企业深化对市场的理解，还能指引企业制订更加具有前瞻性和针对性的战略计划。

四精管理工法

（2）SWOT 提供了一个定性分析框架，在列出四个方面的具体条目时，应以多人专家组或管理层头脑风暴的方式，互相启发并达成共识，以确保客观性。

管理金句

> 了解自己的优势和劣势是成功的关键。
>
> ——彼得·德鲁克

第二节　PEST模型：全面了解宏观环境

◎ 概念阐述

PEST模型是帮助企业分析其外部宏观环境的一种方法。PEST模型包括政治（Political）、经济（Economic）、社会（Social）和技术（Technological）四方面的外部环境因素。企业管理者可以在四类因素的分类框架下，将影响本企业的二级、三级因素详细列出，进而有针对性地制定企业的发展战略。

◎ 形成背景

1976年，哈佛经济学教授弗朗西斯·约瑟夫·阿吉拉尔在其《检视商业环境》一书中使用"ETPS"这个缩写来总结企业外部四种宏观环境因素，即经济、技术、政治、社会。在之后的发展中，其他几位学者加入了新的环境要素，以更有效地进行宏观环境扫描。如加上法律因素（Legal）和环境因素（Environmental）形成的PESTLE，以及再加上教育因素（Educational）构成的STEEPLE等分析方法。

四精管理工法

实操方法

PEST 分析的内容分为政治环境、经济环境、社会文化环境和技术环境四部分。

1. 政治环境

政治环境包括一个国家的基本制度，政治体制，政府的方针、政策、法令等，对企业而言，重要的政治变量包括政治稳定性、经济体制、产业政策、财税政策等。

2. 经济环境

经济环境主要包括宏观和微观两个方面，宏观经济环境主要指一个国家的人口数量及其增长趋势，国民收入、国民生产总值及其变化情况等。微观经济环境主要指企业所在地区或所服务地区的消费者的收入和消费水平、消费偏好、储蓄情况、就业程度等。

3. 社会文化环境

社会文化环境包括一个国家或地区的居民受教育程度和文化水平、宗教信仰、风俗习惯、价值观念、审美观点等。文化水平会影响居民的需求层次；宗教信仰和风俗习惯会禁止或抵制某些活动的进行；价值观念会影响居民对企业及企业活动的认可；审美观点则会影响人们对企业活动内容、活动方式以及活动成果的态度。

4. 技术环境

技术环境除了要考察与企业所处领域的活动直接相关的技术的发展现状，还应及时了解国家对科技开发的投资和支持重点、该领域技术发展动态和研发费用、技术转移和技术商品化速度、专利及其保护情况等。

◎ 应用案例

赛伯涵（上海）管理咨询有限公司在 2021 年深入采用 PEST 分析方法，对中国新能源汽车行业的未来发展环境进行了全面剖析，并为该行业的发展提供了具有针对性的指导。

从经济环境来看，据统计，2021 年前三季度国民经济总体保持恢复态势；同时，我国各地区各部门积极推动经济结构战略性调整，深入推进供给侧结构性改革，绿色发展深入人心，节能减排取得新成绩；物价形势总体稳定，居民消费水平持续上涨；消费者有足够的经济能力购买新能源汽车，这为新能源汽车的发展带来了良好的经济环境；此外，我国汽车千人保有量逐年增长，但相比国外发达国家（如日本的 500 辆以上）我国汽车保有量仍处于较低水平。这说明我国汽车行业发展还有较大的市场空间，而新能源汽车作为未来新的增长极，市场空间值得期待。

从政策环境来看，我国也出台多项政策鼓励促进新能源汽车产业发展。《新能源汽车产业发展规划（2021—2035 年）》等政策主要目标是提高新能源汽车产业化水平和应用规模，提高产业化水平主要是强化技术创新，完善产业链，优化配套环境，提升纯电动汽车和插电式混合动力汽车

四精管理工法

产业化水平；提升应用规模主要是完善新能源汽车的推广应用，尤其是使用环节的扶持政策体系，从鼓励购买过渡到便利使用，建立促进新能源汽车发展的长效机制，提高机关单位及公共服务领域新能源汽车使用比例，扩大私人领域新能源汽车应用规模等。此外，我国提出的"2030年前碳达峰与2060年前碳中和"的总体目标，实际也为新能源汽车发展指明了方向、拓展了空间，如海南省已制定了2030年起禁止销售燃油车的发展目标。

从社会环境来看，消费者对于新能源汽车接受度越来越高，新的车型和智能化驾驶体验日益赢得年轻消费者的青睐，众多豪华品牌也陆续推出纯电车型，选择更加多元化，新能源汽车市场渗透率稳步提升，正逐步由政策驱动转向市场拉动。而且，"双碳"目标逐渐深入人心，也助力了新能源汽车的爆发式增长，绿色低碳出行的观念得到更多人的认可和践行。

从技术环境来看，电机和电池作为新能源汽车的核心技术，也是新能源汽车的主要成本，电动引擎的效能决定了新能源汽车的驱动力，电池决定了新能源汽车的续航里程。"三电"系统指电动汽车的电池、电机和电控，其代替了传统燃油汽车的内燃机、变速箱等装置，是电动汽车最核心的零部件。我国在"三电"技术方面均有技术储备，电池技术现已进入世界第一梯队。技术的进步将促进新能源汽车行业向好发展，而且随着规模效应的提升，新能源汽车价格下降将成为长期趋势。

○ 经验启示

（1）PEST分析相对简单，可运用领域较为广泛，如公司战略规划、市场规划、产品经营发展、研究报告撰写等，并可通过头脑风暴法来完成。

（2）为了拓展分析的维度，亦会用到PEST分析的扩展变形形式，如PESTLE、STEEPLE分析。此外，地理因素对某些行业也会有显著影响，可以根据行业特征调整分析的维度。

管理金句

了解环境是战略制定的第一步。

——迈克尔·波特

四精管理工法

第三节　波特五力模型：分析行业竞争态势

◎ 概念阐述

波特五力模型作为微观环境分析的重要组成部分，其焦点在于解析本行业内部的竞争格局以及本行业与其他关联行业之间的相互作用。波特五力模型精确界定了市场竞争中的五大核心力量，即供应商的议价能力、购买者的议价能力、潜在的新进入者的威胁、替代品的威胁以及行业内现有竞争者之间的竞争态势。这五大力量勾勒出行业竞争格局的全貌，决定了行业的盈利潜力和资本流动的格局，并指出企业战略的核心应在于选择正确的行业，以及行业中最具有吸引力的竞争位置。

◎ 形成背景

波特五力分析模型是哈佛商学院教授迈克尔·波特于1980年在其广为流传的著作《竞争战略》中提出的，可以有效地分析客户的竞争环境，对企业战略制定产生了深远的影响。

随着时代的发展，也有新的影响因素被加入模型，以更全面地反映行业态势。比如互补品的影响（由于互补品能够提升商品或服务的价值，一种产品的爆火将带动周边配套产品的销量，互补品的存在可能影响企业的市场策略和定价能力）以及政府政策的影响（非市场的政策因素日益在培育新兴行业和推动传统行业转型方面发挥重要作用）。

实操方法

针对具体产品或服务，识别并评价这五种力量。

1. 供应商的议价能力

供应商主要通过其提高投入要素价格与降低单位价值质量的能力，来影响行业中现有企业的盈利能力与产品竞争力。供方力量的强弱主要取决于他们所提供给买主的是什么投入要素，当供方所提供的投入要素的价值构成了买主产品总成本的较大比例、对买主产品生产过程非常重要或者严重影响买主产品的质量时，供方对于买主的潜在讨价还价力量就大大增强。

一般来说，满足如下条件的供方会具有较强议价能力：一是供方行业被一些具有比较稳固的市场地位而不易受市场激烈竞争困扰的企业所控制，其产品的买主很多，以至于每一单个买主都不可能成为供方的重要客户；二是供方各企业的产品具有一定特色，以至于买主难以转换或转换成本太高，或者很难找到可与供方企业产品相竞争的替代品；三是供方能够方便地实行前向联合或一体化（产业链纵向延伸的能力），而买主难以进行后向一体化。

2. 购买者的议价能力

购买者主要通过压价与要求提供更好的产品或服务质量的能力，来影响行业中现有企业的盈利能力。

一般来说，满足如下条件的购买者可能具有较强议价能力：一是购买者所购产品占企业产品销量的总体比重过大，无形中增加了其在商务谈判时讨价还价的话语权；二是卖方行业由大量相对来说规模较小的企业所组成，购买者所购买的基本上是一种标准化产品，同时向多个卖主购买产品在经济上也完全可行；三是购买者有能力实现后向一体化，而卖方难以实现前向一体化。比如一家奶粉厂比较容易去收购牧场，而牧场不容易开一家乳品加工企业。

3. 潜在的新进入者的威胁

新进入者在给行业带来新生产能力、新资源的同时，市场已被行业内现有企业瓜分一空，新企业要获得一席之地，就有可能会与现有企业发生原材料与市场份额的竞争，最终导致行业中现有企业盈利水平降低，严重的话还有可能危及企业生存。新进入者的威胁取决于市场中进入壁垒的高低。进入壁垒通常会延缓潜在进入者进入市场的时间，但不会构成永久的障碍。

4. 替代品的威胁

经营企业不仅要与同行业的对手竞争，还受到具有相互替代性的行业对手影响。替代品具有与现有产品或服务相似的性能，能够满足客户相同的需要。两个处于同行业或不同行业中的企业，可能会由于所生产的产品互为替代品，从而在它们之间产生竞争行为。在替代品中最需要注意的是新技术和新产品对原有需求的替代，有可能使原有的需求消失殆尽。替代品价格越低、质量越好、用户转换成本越低，其所能产生的竞争压力就越强，而这种来自替代品生产者的竞争压力的强度，可以通过考察替代品销售增长率、替代品厂家生产能力与盈利扩张情况来加以描述。

5.同业竞争者的竞争程度

大部分行业中的企业，相互之间的利益都是紧密联系在一起的。作为企业整体战略一部分的各企业竞争战略，其目标都在于使得自己的企业获得相对于竞争对手的优势，所以，在实施中就必然会产生冲突与竞争。现有企业之间的竞争常常表现在价格、广告、产品介绍、售后服务等方面，其竞争强度与许多因素有关。

◌ 应用案例

新能源汽车行业是一个快速发展且竞争激烈的行业，使用波特五力模型对其进行分析可以揭示我国新能源汽车行业的竞争格局。

一是现有竞争者之间的竞争程度。新能源汽车市场主体众多，既包括近十年来崛起的特斯拉、比亚迪、蔚来、小鹏、理想等新能源车企，也包括传统燃油车企业，这些企业大多推出了新能源汽车产品，有些还创建了独立的新能源汽车品牌。市场竞争激烈，企业通过技术创新、性能提升、价格竞争和品牌营销争夺市场份额。

二是潜在的新进入者威胁。尽管技术和资本壁垒较高，但新兴品牌和传统汽车制造商仍在不断进入市场。2024年，小米新车下线，获得市场追捧，奔驰、宝马、凯迪拉克等传统车企也加快了电动车新车型的研发，一些初创企业和科技公司也在探索与车企合作，在智能新能源汽车研发方面发挥作用。

三是替代品的威胁。燃油车仍然是新能源汽车的主要替代品，新的混动技术，如比亚迪的DMi技术已将百公里油耗降至2升以下，续航里程突破 2000 千米，凭借其卓越的燃油性能和更强的环境适应性，成为纯电动汽车的有力竞争者。

四是供应商的议价能力。上游的关键原材料供应商（如锂、钴等）、电池制造商基本都属于寡头垄断型市场，市场集中度较高，在产业链中占据重要地位，具备较强的议价能力。电池成本占整车成本的40%左右，供应链的稳定性和原材料价格对新能源汽车制造商有显著影响。

五是买家的议价能力。国内新能源汽车市场处于供过于求的状态，价格战此起彼伏，国内消费者对价格、续航里程、充电便利性和品牌声誉比较敏感。由于市场可选品牌车型十分丰富，车企之间的竞争迫使他们推出更具性价比的产品。

经验启示

（1）五力模型以产业链视角审视行业环境，更适合对具体产品和服务进行分析，对多元化经营的大型企业则难以一一对应。

（2）五力模型更多是作为一种思考框架，而不是可以实际操作的战略工具。因为该模型的理论是建立在三个并不符合实际的假定基础之上：一是战略制定者可以了解整个行业的信息；二是同行业之间只有竞争关系，没有合作关系；三是行业的规模是固定的，只能通过夺取对手的份额来占有更大的资源和市场。

（3）五力模型也随时代发展纳入新的分析因素，如增加供应商的替代者、买家的替代者形成"波特七力"。此外，也有学者将企业的核心能力、技术创新和数字化、企业社会责任和可持续发展等纳入考虑。

第四节 波士顿矩阵：如何规划产品组合

概念阐述

波士顿矩阵又称市场增长率－相对市场份额矩阵、四象限分析法、产品系列结构管理法等，是制定公司层面战略非常流行的方法之一。该矩阵通过产品的市场增长率和相对市场份额两个维度，将产品分为四个类别：明星产品、问题产品、金牛产品和瘦狗产品（图1-2）。这种分类有助于企业清晰地识别各类产品的市场地位和盈利潜力，制定相应的资源配置和产品策略。

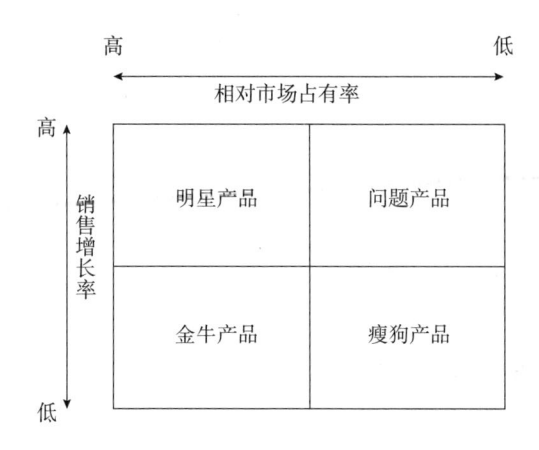

图1-2 波士顿矩阵示意图

四精管理工法

形成背景

该方法是由波士顿咨询集团创立者布鲁斯·亨德森在 1970 年提出的。他认为公司若要取得成功，就必须拥有增长率和市场份额各不相同的产品组合，组合的构成取决于现金流量的平衡，即要把有限的资源分配给贡献大、有潜力的产品线。波士顿矩阵最初是为了帮助企业分析其产品组合，并做出投资决策。随着商业环境的不断演变，现代商业智能软件的使用，使得波士顿矩阵的搭建和分析更加灵活和快捷，实现更高频率的数据更新和业务变化展示。

实操方法

波士顿矩阵以纵轴表示企业销售增长率，横轴表示市场占有率，将组织的每一个业务或产品标在一个矩阵图上，以平均值或中位数将坐标图划分为四个象限，依次为"明星型""问题型""金牛型""瘦狗型"，对不同类型的业务采取差异化策略。

1. 明星型业务（高增长、高市场份额）

这个领域中的产品处于快速增长的市场中，并且占有支配地位的市场份额，但这并不意味着明星业务一定可以给企业带来源源不断的现金流，因为市场还在高速成长，企业必须继续投资，以保持与市场同步增长，并击退竞争对手。

2. 问题型业务（高增长、低市场份额）

处于这个领域的是一些投机性产品，带有较大的风险。这些产品可能利润率很高，但占有的市场份额很小。"问题"非常贴切地描述了公司对待这类业务的态度，因为这时公司必须慎重回答"是否继续投资"这个问题。只有那些符合企业发展长远目标、具有资源优势、能够增强企业核心竞争力的业务才能得到肯定的回答。得到肯定回答的问题型业务适合采用战略框架中提到的增长战略，目的是扩大市场份额，甚至不惜放弃近期收入来达到这一目标，因为问题型业务要发展成为明星型业务，其市场份额必须要有较大的增长。得到否定回答的问题型业务则适合采用收缩战略。

3. 金牛型业务（低增长、高市场份额）

处于这个领域的产品是成熟市场中的领导者，但未来的增长前景是有限的。由于市场已经成熟，企业不必大量投资来扩展市场规模，同时作为市场中的领导者，该业务享有规模经济和高边际利润的优势，因而能给企业带来大量现金流。金牛型业务适合采用稳定战略，目的是保持市场份额。

4. 瘦狗型业务（低增长、低市场份额）

处于这个领域的产品既不能产生大量的现金，也不需要投入大量现金，一般情况下，这类业务常常是微利甚至是亏损的。其实，瘦狗型业务通常要占用很多资源，如资金、管理部门的时间等，多数时候是得不偿失的。因此，瘦狗型业务适合采用收缩战略，目的在于出售或清算业务，以便把资源转移到更有利的领域。

四精管理工法

应用案例

2022年，成都新能源汽车产业推广应用促进会秘书长运用波士顿矩阵深入剖析了传统车企在"停油转电"这一战略选择上的困境与出路。近20年来，比亚迪在新能源汽车领域进行了全面的产业链布局，从电池、电机到整车制造，无一不涉猎。其新能源汽车产销量在过去10年中始终稳居国产车品牌榜首，2021年以仅次于特斯拉的销量成为全球第二大新能源汽车产销车企。而到了2022年上半年，比亚迪更是以超越特斯拉的销量，成为全球新能源汽车市场的领导者。新能源汽车业务无疑是比亚迪产品结构中的明星类产品业务，为公司带来了大量的现金流和市场份额。

然而，对于比亚迪来说，传统燃油车业务的命运却截然不同。2020年，比亚迪的传统燃油车累计销售23万台，但在2021年，随着新能源汽车的崛起，燃油车销量骤降至14万台，仅占全年73万台汽车销量的19%。2022年，燃油车销量仅为5000台，市场占比早已不足1%。显然，传统燃油车业务对于比亚迪来说已经成了一个瘦狗业务，其市场份额和盈利能力均大幅下降，成为公司发展的拖累。

近几年，比亚迪在DMI混动技术上取得了重大突破，插电式混合动力汽车已占到比亚迪新能源汽车产销的半壁江山。然而，产能不足导致市场交付时间越来越长，客户投诉也随之增多。而处于瘦狗型业务的燃油车与插混新能源汽车偏偏又生产共线，为了保障明星型业务的市场交付和客户满意度，比亚迪不得不做出一个艰难的决定：停止生产纯油车这一瘦狗型业务。于是，比亚迪成为世界上第一个停产纯油车的传统车企，这一决定虽然充满无奈，但也是公司发展战略的必然选择。

而对于欧美传统车企来说，燃油车业务仍然是他们的金牛型业务。尽管行业增速已经放缓，但只要维持一定的投入，就能获得丰厚的利润和现金流。作为传统车企的金牛型业务，燃油车业务在资源投入和财务状况上都有着显著的优势。然而，这也使得传统车企在割舍金牛型业务、转向新能源汽车时面临着巨大的挑战和矛盾。可见，新能源汽车业务对这些传统车企来说仍然是问题型业务。行业增长速度快，但市占率却相对较小。如何将问题型业务推向明星型业务，对传统车企来说是一个亟待解决的难题。一方面，新能源汽车是对燃油车的替代，是传统车企的自我革命；另一方面，传统车企要将新能源汽车这一问题型业务推向明星型业务需要巨额的投入，并面临内部资源调度的难题。

经验启示

（1）波士顿矩阵的精髓在于结合了战略规划和资本预算，强调产品组合的动态调整，要求企业根据市场环境和产品生命周期的变化不断优化资源配置，指导企业平衡短期盈利目标和长期发展。

（2）波士顿矩阵的应用需要基于准确的市场数据和业务分析。为此，企业应建立完善的数据收集和分析系统，以支持基于该矩阵的决策制定。同时，企业应定期审视并更新其产品组合分类，以确保战略的有效性。

> **管理金句**
>
> 战略规划不是关于未来的决策，而是关于当前资源的分配。
>
> ——彼得·德鲁克

四精管理工法

第五节 通用矩阵：实现战略资源有效配置

概念阐述

通用矩阵，也被称为行业吸引力矩阵或九象限评价法，它的起源可以追溯到美国通用电气公司所开创的综合投资组合分析法。相较于波士顿矩阵法来说，通用矩阵方法通过增设中间等级和增添更多的分析要素，实现了显著的改进。在评价过程中，它综合考虑了产品的行业吸引力因素，如市场增长率、价格、利润率和竞争强度等，同时还纳入了企业竞争实力的考量，诸如生产能力、管理效能和产品差异化等方面。依据市场吸引力与业务实力两大核心标准，通用矩阵将每个核心标准划分为三个层级进行评估。这两大标准的交叉组合构成了九个评估区域，精准映射了不同层级间的搭配状况。此外，评估指标可根据实际情况灵活设定，确保评估的全面性和适应性（图1-3）。

		企业竞争实力	
行业吸引力	强	中	弱
高	尽量扩大投资，谋求主导地位	市场细分，以追求主导地位	专门化，采取并购策略
中	选择细分市场，大力投入	选择细分市场专门化	专门化，谋求小块市场份额
低	维持地位	减少投资	集中于竞争对手盈利业务，或放弃

图1-3 通用电气矩阵

形成背景

通用矩阵这一管理方法起源于20世纪70年代，该方法由美国通用电气公司提出。通用矩阵的存在，主要是为了突破波士顿矩阵的局限性。通用矩阵中，产业吸引力和企业竞争实力两大核心指标被引入，用来反映企业的外部环境和内部条件。通用矩阵并非只在评估方法上进行了革新，产业吸引力和企业竞争实力这两个维度的值不再是通过简单的公式计算得出，而是由众多细分指标综合形成的复合指标，这些可分解的指标数量多达数十个。

实操方法

通用矩阵为企业提供了一种全新的业务板块评估方式，它根据各业务在市场上的实力和所在市场的吸引力来进行评估，同时也可用于展示公司的业务组合，从而明确其优势和劣势。具体操作步骤如下。

1. 确定关键因素

这一步是指选定用于评估企业竞争实力和市场吸引力的关键因素。在通用矩阵中，这些因素被分为内部和外部两大类。确定这些因素时，可以采用头脑风暴法或名义群体法来选取评估所需要的关键因素。务必确保不遗漏任何重要因素，同时避免纳入无关紧要的因素。

2. 评估内外部因素的影响

下一步，评估者需要组织权威的专家或管理人员，根据每个因素的影响力大小进行评分。若某个因素对所有竞争对手的影响相似，则进行总体评估；若某个因素对不同竞争者的影响有所差异，则需要分别评估其对自己业务和主要竞争对手的影响。评分可以采用五级标准。

例如，对于外部因素，1代表毫无吸引力，5代表极有吸引力；对于内部因素，1代表极度竞争劣势，5代表极度竞争优势。在这一步骤中，应选择综合实力最强的竞争对手作为对比对象。

3. 衡量实力和吸引力的标准制定

在评估了各因素的重要性后，需要制定出衡量实力和吸引力的简易标准。这可以通过定性和定量两种方法来实现。定性方法主要是通过讨论和审阅内外部因素，以第二步中的评分为基础，将战略业务单元的实力和产业吸引力评定为强、中、弱三个等级。定量方法则是将内外部因素分别进行加权处理，使得所有因素的加权系数总和为1，然后根据第二步中的得分和权重系数计算出战略业务单元在实力和吸引力方面的具体得分（介于1和5之间）。

4. 在通用矩阵上定位战略业务单元

接下来，需要将战略业务单元标在通用矩阵上。矩阵的纵轴代表产业吸引力，横轴代表业务实力。每条轴都用两条线划分为三部分，从而形成一个网格图。坐标轴的刻度可以根据需要设置为高中低。

5. 解读矩阵并制定战略举措

最后一步是对矩阵进行解读，并根据战略业务单元在矩阵上的位置来制定相应的战略举措。

应用案例

马鞍山市是一个以钢铁产业为主导的工业城市。随着全球经济的不断变化和国内产业结构的调整，马鞍山市的传统产业面临巨大的挑战。为了应对这些挑战并推动城市的可持续发展，马鞍山市政府采用通用矩阵制定了一份产业发展战略规划。

1. 数据收集与分析

市政府组织了一个由经济学家、行业专家和政府官员组成的团队，负责收集和分析相关数据。他们深入研究了马鞍山市近五年的经济数据，包括各行业的市场规模、增长率、竞争格局和盈利能力等。同时，还进行了企业调研，了解企业的市场占有率、技术水平、产品差异化和管理能力等情况。

2. 构建通用矩阵

在数据收集与分析的基础上，团队利用通用矩阵工具，以纵轴代表产业吸引力，综合考虑了市场规模、增长率、竞争格局和盈利能力等多个因素；以横轴代表企业竞争地位，考虑了市场占有率、技术水平、产品差异化和管理能力等因素，绘成产业分布图，展示各产业在市场上的位置和竞争力。

3. 制定战略

根据分析结果，团队为马鞍山市的各产业制定了相应的发展战略。对于矩阵左上角的高吸引力、高竞争地位的产业，如高端制造业和新能源产业，建议采取积极发展战略，加大投资力度，扩大生产规模，提高市场占有率。对于矩阵中间区域的产业，如传统制造业和部分服务业，建议采取稳定平衡战略，即在保持现有市场份额的基础上，寻求创新和升级，以提高产业附加值和竞争力。而对于矩阵右下角的低吸引力、低竞争地位的产业，如部分衰退的传统行业，建议采取收缩或退出战略，将资源重新分配到更有潜力的产业上。

4. 实施与监控

战略规划制定完成后，市政府制订了详细的行动计划，明确了各项任务的责任人、时间表和预期成果。为了确保战略的有效实施，市政府还建立了一套完善的监控机制，定期对各项任务的进展情况进行检查和评估。同时，市政府还注重与企业、行业协会和社区居民等利益相关者进行沟通和协调，共同推动产业的可持续发展。

5. 方法与效果评估

经过一段时间的实施和监控，马鞍山市的产业发展取得了显著的成效。新兴产业的发展势头强劲，传统产业的转型升级也取得了积极进展，城市的整体经济实力和竞争力得到了显著提升，为未来的可持续发展奠定了坚实的基础。

◎ 经验启示

（1）通用矩阵的多元评估指标是其核心优势。用多个指标评估产业吸引力和企业竞争地位，这种相对全面的评估使得企业能够更准确地识别各项业务在市场中的真实位置与潜力。

（2）通用矩阵的灵活性使其能够适应不断变化的市场环境。企业应保持敏锐的市场洞察力，定期更新分析数据，并灵活调整营销策略。

（3）数据的准确性和完整性对于矩阵分析的有效性至关重要，不准确的数据可能导致错误的战略决策。

管理金句

> 优秀的企业不仅适应环境，更通过其战略选择来塑造环境。
>
> ——吉姆·柯林斯

四精管理工法

第六节　SPACE 矩阵：综合评估战略位置和发展方向

◎ 概念阐述

SPACE 矩阵是非常有用的工具，它能帮助我们全面看清一个企业在市场中的位置和应该采取的行动方向。简单来说，它通过考察公司内部的财务状况、竞争优势，还有外部环境是否稳定和行业情况，来评估企业在市场中的整体情况。这些因素非常重要，就像是四个支柱，撑起了 SPACE 矩阵的整个框架。SPACE 矩阵还用四个部分来告诉我们企业应该采取什么样的战略。这四个战略就像是四种不同的打法：第一是主动出击，第二是稳扎稳打，第三是防守为主，第四是和别人竞争。

◎ 形成背景

SPACE 矩阵是由美国管理学者罗伯特·库珀和罗伯特·卡普兰在 20 世纪 70 年代末提出的。他们将波士顿咨询集团的增长份额矩阵和通用电气的多因素投资组合矩阵结合起来，形成了 SPACE 矩阵，以帮助企业在战略规划过程中评估其竞争地位，并确定相应的战略行动。SPACE 矩阵提供了一种更为全面的视角，不仅考虑了市场份额和市场增长率，还包括企业的内部优势和外部环境因素。

实操方法

SPACE 矩阵实质上是将多维数据综合处理并以二维形式展现的工具，它能够帮助我们整合并处理多个变量，进而得出全面的分析结果。以下是构建 SPACE 矩阵的详细步骤。

（1）选定一系列变量，这些变量将分别代表财务优势、竞争优势、环境稳定性以及产业优势。

（2）对于代表财务优势和产业优势的变量，我们会给予从 +1（代表最差状态）到 +6（代表最佳状态）的评分。而对于代表环境稳定性和竞争优势的变量，评分范围则是从 –1（最佳）到 –6（最差）。

（3）将每个轴上的所有变量评分进行汇总，并除以该轴上的变量总数，从而计算出财务优势、竞争优势、产业优势和环境稳定性各自的平均分。

（4）将 X 轴上的两个分数（即财务优势和产业优势的平均分）相加，结果标注在 X 轴上。同样地，Y 轴上的两个分数（即环境稳定性和竞争优势的平均分）也进行相加，并标注在 Y 轴上。这样，我们就得到了一个交叉点。

（5）从 SPACE 矩阵的原点出发，画一条指向这个交叉点的向量，这条向量就代表了企业可采纳的战略类型。

根据向量的位置，企业可以采取不同的发展战略（图 1-4）。

（1）当向量位于 SPACE 矩阵的进取象限时，表明企业处于非常有利的地位。此时，企业可以利用自身的内部优势和外部机遇，灵活选择多种战略模式，如市场渗透、市场开发、产品开发以及多种形式的一体化和多元化经营等。

（2）若向量出现在保守象限，则意味着企业应保持现有的竞争优势，避免过于冒险的行为。此时，适宜的战略包括市场渗透、市场开发、产品开发和集中多元化经营等。

（3）当向量处于防御象限时，企业应集中精力应对内部弱点和外部威胁。防御型战略可能包括紧缩、剥离、结业清算以及集中多元化经营等。

（4）如果向量位于竞争象限，企业应采取更具竞争性的战略，如后向一体化、前向一体化、市场渗透、市场开发、产品开发以及寻求与其他企业的合作等。

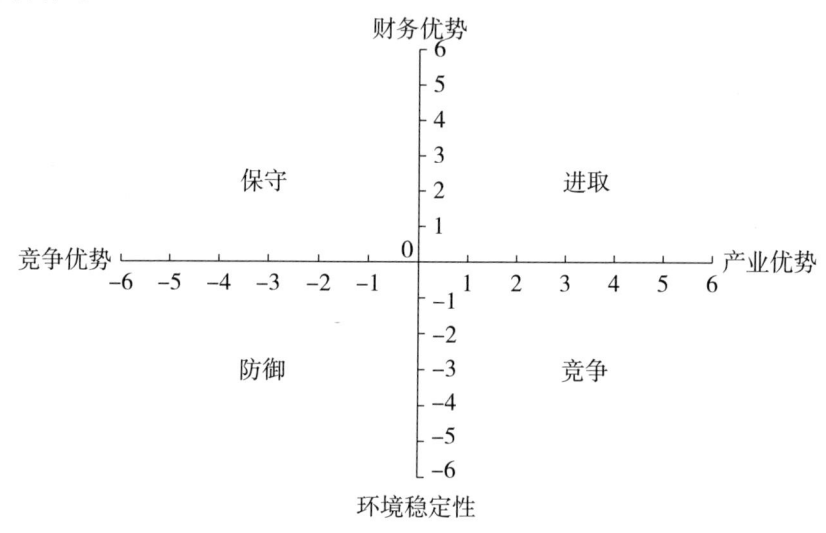

图1-4 SPACE矩阵示意图

应用案例

中国农业银行（以下简称农行）上市前，巧妙运用了SPACE矩阵工具进行内外部环境分析，为上市前的战略制定提供了有力的决策支持。

1. 农行 SPACE 矩阵分析

（1）财务优势的细致考察。农行拥有雄厚的资产基础和强大的盈利能力，其资本充足率一直保持在行业领先水平，不良贷款率也远低于行业平均值。这种稳健的财务状况为农行的上市奠定了坚实的基础。同时，农行在成本控制、风险管理等方面也展现出了卓越的能力，确保了其财务实力的持续增强。

（2）竞争优势的深度挖掘。在服务"三农"方面，农行拥有无可比拟的优势。凭借其遍布城乡的金融网络和深厚的农业信贷经验，农行成为广大农村地区金融服务的主力军。此外，农行在科技创新、数字化转型等方面的努力也为其带来了竞争优势。通过引进先进技术和管理理念，农行不断提升服务效率和客户体验，赢得了市场的广泛认可。

（3）环境稳定性的审慎评估。国家政策的支持和资本市场的成熟为农行的上市创造了有利条件。然而，农行也清醒地认识到，金融市场的不确定性和风险性依然存在。利率市场化、金融脱媒等趋势对银行传统业务的影响不容忽视。

（4）产业优势的全面梳理。农行在银行业内具有较高的市场份额和品牌影响力，其品牌形象深入人心，客户基础广泛而稳定。同时，农行在服务网络、产品创新等方面也展现出强大的实力，特别是在绿色金融、普惠金融等领域，农行更是取得了显著成绩，成为行业内的佼佼者。这些产业优势为农行的上市提供了有力支撑。

2. SPACE 矩阵结果的综合归纳

通过 SPACE 矩阵的细致分析，农行明确了自身的优劣势和市场定位，确定采取以下策略：加强品牌建设，提升品牌形象和知名度，增强投资者

四精管理工法

信心；拓展市场份额，巩固在农村金融领域的领先地位，同时积极开拓城市市场；推进数字化转型，提升服务效率和客户体验，满足客户需求；加强风险管理，完善内部控制体系，确保上市过程的顺利进行和企业的稳定发展。

农行在上市战略中成功运用了 SPACE 矩阵工具，为上市之路提供了有力的支持和保障，同时为未来的发展奠定了坚实基础。

经验启示

（1）SPACE 矩阵是一种定量的分析工具。SPACE 矩阵的轴线可以代表多种不同的变量，难点在于如何选择各组变量及如何评分，因此，需要熟悉行业情况的企业高层管理者参与构建。

（2）SPACE 矩阵更适用于多元化经营的大型企业，可以根据不同业务板块的内外部形势变化进行动态调整，帮助企业调整战略、优化资源配置。

管理金句

> 环境变化是不可避免的，适应变化是企业生存的关键。
>
> ——查尔斯·汉迪

第二章　营销策略

第一节　4P理论：选择适当的营销战略组合

◎ 概念阐述

4P营销理论即产品（Product）、价格（Price）、渠道（Place）、促销（Promotion）四大核心营销要素。具体而言，产品指的是企业提供给市场的有形或无形的商品或服务，其设计、质量和特性直接影响顾客的购买决策和满意度。价格是顾客为获得产品所支付的代价，其设定需综合考虑成本、市场需求、竞争状况等因素。渠道则涉及产品从生产者流向消费者的路径和方式，包括分销渠道的选择、物流体系的建立等。而促销是通过各种手段，如广告、销售促进、人员推销和公共关系等，向消费者传递产品信息，激发其购买欲望，从而达成销售目标。4P理论从生产者的角度出发，集中反映了市场营销活动的主要环节。这一理论强调了在确保满足市场需求的前提下，通过有效的产品规划、价格设定、渠道布局和促销策略，实现企业的盈利目标。

◎ 形成背景

4P营销理论产生于20世纪中期的美国，随着营销组合理论的提出而出现。1953年，尼尔·博登在美国市场营销学会的就职演说中创造了"市

四精管理工法

场营销组合"这一术语，其意是指市场需求或多或少地在某种程度上受到所谓"营销变量"或"营销要素"的影响。1960年，美国密歇根州立大学的杰罗姆·麦卡锡教授在其《基础营销》一书中将这些要素概括为4类，即产品、价格、渠道、促销。1967年，菲利普·科特勒在其畅销书《营销管理：分析、规划与控制》第一版进一步确认了以4P营销理论为核心的营销组合方法。

实操方法

1. 产品策略

在产品策略的实际操作中，首要任务是深入进行市场调研。这包括通过问卷调查、访谈和观察等方法，收集目标消费者对产品的具体需求、偏好以及购买行为模式。接下来，对收集到的数据进行细致分析，利用统计软件识别出消费者的主要痛点和期望功能，以此为基础确定产品的核心特性和附加价值。在产品设计阶段，结合分析结果和创新技术，进行原型设计和测试。通过用户反馈和专家评审，不断优化产品设计，直至满足市场需求和消费者期望。

2. 价格策略

价格策略的制定同样需要基于详尽的市场数据。首先，通过历史销售数据、消费者调研和竞争对手分析，了解消费者对价格的敏感度以及不同价格区间对销售量的影响。例如：对于奢侈品市场，价格可能不是主要决定因素，而品牌形象和独特性更为重要；在大众市场，价格则可能是消费者选择产品的关键因素。其次，深入分析产品的成本结构，包括原材料采购、生产加工、物流配送等各方面费用，以确保定价的合理性。最后，根据市场定位和目标消费群体的购买力，选择合适的定价策略，如市场渗透定价（低价入市，快速占领市场）或撇脂定价（高价入市，针对高端市场）。同时，建立灵活的价格调整机制，以应对市场变化和促销活动的需求。

3. 渠道策略

在渠道策略的实际操作中，首先要对目标市场的分销渠道进行全面分析，包括线上平台如电商平台、社交媒体等，以及线下渠道如实体店、专卖店等，评估这些渠道的覆盖范围、运营成本、销售效率以及消费者购买习惯。根据评估结果，选择最适合目标市场的分销渠道组合。与此同时，与渠道合作伙伴建立长期稳定的合作关系，通过合同约束、利益共享等方式确保双方利益一致，共同推动产品销售。此外，优化供应链管理和物流配送也是渠道策略的重要环节，以确保产品能够及时、高效地到达消费者手中。

4. 促销策略

在构建促销策略时，首先要精准定位目标客户群体。通过深入剖析他们的需求特点、消费偏好以及购买习惯，我们能够更精准地把握市场动态。其次，需要明确促销的具体目标，这些目标可能涵盖提升品牌市场认知度、推动销售额增长、优化库存管理或扩大市场份额等各个方面。再者，在选择促销工具时，需要在策略运用上追求创新性和独特性，这样才能在激烈的市场竞争中脱颖而出，有效抓住消费者的眼球。最后，促销活动的实施阶段是整个策略的核心。在这一阶段，可设计并发布具有吸引力的广告，策划并组织各类促销活动，提供诱人的折扣或优惠券，以及进行

四精管理工法

样品的分发等。同时,还应对整个过程进行密切的监控和评估,根据实际情况灵活调整策略。活动结束后,系统地收集客户数据,建立起完善的客户关系管理系统。这不仅有助于我们更好地了解客户,还能为未来的营销活动和客户关系维护提供有力的支持。

● 应用案例

隆基绿能成立于2000年,主要从事半导体材料及其设备的开发、制造和销售。在发展前期,隆基绿能侧重打造优质产品,坚定地选择单晶技术路线,并在2006—2012年实现了单晶路线关键技术的攻破,把电池片上游的单晶硅片做到全球领先,形成了产品方面的核心竞争力。

接着,隆基绿能建立起全球化的分销渠道。2014年至今,隆基绿能以西安为总部,先后在多地建立生产基地,形成上游、中游、下游的全产业链布局,使其产品实现了直接触达各类客户群。隆基绿能面向全球的客户可分为三大类:一类是走直销的企业大客户,如电力企业;一类是走分销的终端用户,如海外的别墅用户、农户等;一类是走经销的工商业务。为呈现给客户优质的体验与服务,隆基绿能已实现从最开始的营销体系到中间的流程体系再到后端的交付和供应体系的数字化和信息化管理,效率也得以大幅度提升。

隆基绿能还特别重视成本和价格控制。在采购前环节,隆基绿能会有专门的团队负责寻找优质的供应商;在采购中环节,隆基绿能有专门的商务谈判团队负责议价;在采购后环节,隆基绿能会派专门的团队负责付款。总之,各环节既相互联系又相互独立,同时,各环节均由专门团队负责,各团队以其专业的素养降低了采购环节的成本,进而实现了价值增值。

最后，隆基绿能通过周到的服务实现促销的目的。2020年，隆基绿能为真正深入市场终端，给客户带来实际价值，率先开展"分布式服务光芒照万家"活动，由原先简单的"供需"销售模式逐渐转变为"共创"型合作模式，从而更好地聚焦客户需求，从单一的产品供给、服务提升逐渐转向为客户提供定制化、多维度的服务和支持。

○ 经验启示

（1）4P理论更适用于以制造业为主的、偏垄断性的行业。在完全垄断以及技术门槛较高的寡头垄断市场中，企业处于主导地位，4P营销理论就相对重要一些。完全垄断企业在整个行业中没有竞争者，应该将更多的时间和资源放在产品的进一步优化上，逐步完善自身的产品设计，使消费者满意。

（2）4P理论并未过时，只是产品周期更快了。产品生命周期理论认为任何产品都会经历引入期、成长期、成熟期和衰退期四个阶段。在产品的引入期和成长期，存在一定的模仿，产品供给不足，行业具有一定的进入壁垒，这时，4P理论就显得尤为重要，企业应该做好4P中的产品环节。然而，如今的技术进步越来越快，产品的引入期和成长期越来越短，所以4P理论应用的时间也越来越短。

四精管理工法

第二节 4C理论：以追求客户满意为目标

概念阐述

4C营销理论是与传统营销4P理论相对应的现代营销理念。该理论以消费者需求为核心，重新定义了市场营销组合的四个关键要素：消费者（Consumer）、成本（Cost）、便利（Convenience）和沟通（Communication）。

4C理论强调市场需求导向，核心理念在于"以消费者为中心"。这种转变不仅推动了营销模式的创新，由传统的由内而外的推动型转为由外而内的拉动型，更是实现了消费者角色从"营销终点"跃升为"营销起点"。这种以消费者需求为起点的市场营销活动，使得生产者能够更加精准地掌握消费者对产品的实际需求，进而优化产品设计和营销策略，提升市场竞争力。

形成背景

随着市场竞争日趋激烈，1990年，罗伯特·劳特朋提出了4C理论，向4P理论发起挑战，他认为在营销时需持有的理念应是"请注意消费者"，而不是传统的"消费者请注意"。

实操方法

4C营销理论的实操方法主要围绕四个核心要素。

1. 消费者

了解和研究消费者的需求和欲望,以客户为中心设计产品、服务及售后保障。

2. 成本

考虑消费者的收入状况、消费习惯以及同类产品的市场价位,研究消费者购买产品时所需要付出的成本。定价应该低于消费者的心理价格,同时保证企业有所盈利。

3. 便利

考虑消费者购物等交易过程如何给消费者方便,而不是先考虑销售渠道的选择和策略。应当为消费者提供最大的购物和使用便利,包括网络购物、配送、上门维修等。

4. 沟通

与消费者进行积极有效的双向沟通,加强互动,将企业内外营销不断进行整合,建立基于共同利益的新型企业–顾客关系。

四精管理工法

应用案例

龙能伟业环境科技股份有限公司凭借其在生物质能源领域的创新技术,成功推出了"生物质气-热-电联产创新模式"(以下简称"龙能模式")。该模式旨在通过高效利用生活垃圾和秸秆等废弃资源,生产生物天然气、电、热等清洁能源,不仅解决了城市垃圾处理的难题,还优化了能源结构,减少了环境污染。在市场推广过程中,龙能伟业以4C理论有效应对了满足消费者需求、降低购买成本、提供购买便利以及强化有效沟通等四种挑战。

一是明确消费者的需求。龙能模式的核心在于满足消费者对于高效、环保、经济的垃圾处理方式和清洁能源供应方案的需求。龙能模式通过整合生活垃圾和秸秆资源,实现了垃圾的无害化、减量化处理,并生产出生物天然气、电、热等清洁能源,直接回应了消费者对于环保、经济、高效的能源解决方案的渴望。

二是降低满足需求的成本。龙能模式生产的天然气、电、热等产品的成本仍然高于传统能源产品,并不具有市场竞争力,因此,需积极争取国家和地方政府的财政补贴、税收优惠等政策支持,以降低项目建设和运营成本。此外,时间成本和风险成本也是消费者考虑的重要因素。龙能模式需要确保项目从设计到投产的周期尽可能短,以降低消费者的时间成本。同时,通过成功案例展示和技术保障承诺,降低消费者面临的技术风险和市场风险,从而减少其风险成本。

三是提升购买的便利性。龙能伟业建立了完善的供应网络,确保生物天然气、电、热等产品能够顺畅接入城市燃气管网、国家电网和城市热网,为消费者提供便捷的购买渠道。此外,提供全面的售后服务支持,包括技术咨询、设备维护、故障处理等；通过建立透明的信息发布机制，及时向消费者提供产品供应信息、价格变动信息等，进一步提升消费者购买的便利性。

四是建立有效沟通。龙能伟业通过多种渠道加强品牌宣传，提升龙能模式的知名度和影响力。同时，与政府部门、电力公司、供热公司等关键利益相关者进行深入沟通，了解其利益诉求，共同探索合作模式，实现互利共赢；建立消费者反馈机制，及时收集意见和建议，持续改进产品和服务质量，提升消费者满意度和忠诚度。

○ 经验启示

（1）企业在市场推广中应始终将消费者需求放在首位，通过市场调研、用户反馈等方式，不断优化产品和服务，以更好地满足消费者的期望。

（2）满足需求的成本不仅包括产品本身的价格，还涉及时间成本、风险成本等多方面因素。因此，企业在关注产品价格竞争力的同时，还应考虑如何全方位降低消费者付出的各类成本，提升整体成本效益。

（3）购买便利性是影响消费者购买决策的重要因素之一。通过建立完善的销售网络、提供便捷的支付方式、优化物流配送等方式，能提升消费者的购买体验。此外，加强售后服务体系建设，及时解决消费者问题，也是提升购买便利性的重要环节。

（4）在数字经济时代，共同创造是一种新产品开发的战略。在创意阶段，让客户参与其中共同创造，这样客户可以定制个性化的产品和服务，创造更高级的价值主张。

四精管理工法

第三节 4R理论：以关系为核心的营销策略

概念阐述

4R理论，作为一种以关系营销为基石的营销策略，其核心理念在于构建并维护顾客忠诚，包括以下四个核心要点：一是关联（Relevance），通过深入理解消费者需求和市场动态，企业与消费者之间建立起一种相互关联、互利共赢的关系；二是反应（Reaction），企业应具备高度的市场敏感性，快速响应消费者的需求变化，以及竞争对手的策略调整；三是关系（Relationship），4R理论强调建立长期、稳定的顾客关系，通过提供优质的服务和个性化的产品，增强顾客忠诚度；四是回报（Reward），在满足消费者需求的同时，企业也应关注自身的收益，通过合理的定价策略和成本控制，实现与消费者的互利共赢。4P理论不仅着眼于厂商的利益，更在深层次上考虑并满足了消费者的需求。

形成背景

4R理论的形成有着深刻的历史背景。随着市场营销理念的不断演进，传统的4P营销理论（产品、价格、渠道、促销）已经不能完全适应日益复杂多变的市场环境。在这一背景下，4C营销理论（消费者、成本、便利、沟通）逐渐崭露头角，它强调从消费者的角度出发，更加关注消费者的需求和期望。然而，随着市场竞争的进一步加剧和消费者需求的持续升级，企业需要一种更加全面、深入的营销理论来指导实践活动。

于是，4R营销理论应运而生。这一理论不仅继承了4P理论和4C理论的精髓，更加注重企业与顾客之间建立长期、稳定的关系。它强调在激烈的市场竞争中，企业需要通过某些有效的方式与顾客建立紧密的关联，形成一种互助、互求、互需的深层次关系。这种关系的建立，不仅能够提高顾客的忠诚度，还能够为企业赢得长期而稳定的市场份额。因此，4R理论的形成，可以说是市场营销理念不断发展和完善的必然产物。

实操方法

在实施4R营销理论时，企业需要结合自身的实际情况和市场环境，灵活运用这四个要素。

1.关联

确定目标市场，并了解客户的需求和偏好。设计产品或服务以满足这些需求，并在消费者心中建立品牌与需求之间的关联。

2.反应

建立快速响应机制，及时回应消费者的反馈和市场变化。通过客户服务、社交媒体监测和市场研究来收集顾客的反馈，并据此调整产品或服务。

3. 关系

培养与顾客的长期关系，使用客户关系管理系统、忠诚度计划和个性化服务等方法来维护双方关系，提高顾客忠诚度。

4. 回报

设计合理的回报机制，通过折扣、积分奖励、会员特权等方式奖励顾客的忠诚和推荐。

应用案例

在"互联网+"的新时代背景下，伊利公司作为中国乳业的领军企业之一，积极运用4R营销理论来优化其网络营销策略，以适应数字化时代的市场需求和消费者行为的变化。

在关联方面，伊利公司通过大数据分析，了解消费者的购买习惯和需求，为消费者推荐他们可能感兴趣的商品。通过创新的体验营销策略，利用虚拟现实（VR）和增强现实（AR）技术，为消费者提供沉浸式的互动体验，如虚拟牧场参观、产品试用等，增强消费者对品牌的认同感。

在反应方面，伊利公司通过建立快速的市场响应机制，及时捕捉和响应市场变化及消费者需求。利用大数据分析和互联网技术，伊利公司能够迅速收集和分析消费者反馈，快速调整产品策略和营销活动，以满足消费者的个性化需求。例如，针对消费者对健康和营养的日益关注，伊利公司推出了多款高蛋白、低脂肪的乳制品，以满足健康意识较强的消费者群体。

在关系构建方面，伊利公司致力于与消费者建立长期稳定的关系。通过会员制度、积分奖励、定期回访等方式，伊利公司不仅提升了消费者的重复购买率，还通过数据分析，为消费者提供个性化的产品推荐和服务，增强了消费者的品牌忠诚度。此外，伊利公司还举办各类线上、线下营销活动，如线上互动游戏、线下产品体验会等，通过社交媒体和线上社区与消费者进行互动交流，收集消费者的意见和建议，让消费者参与到产品开发和品牌建设中来，进一步加深与消费者之间的互动和联系。

在回报方面，伊利公司通过定期的促销活动和优惠政策，如限时折扣、会员专享优惠等回馈消费者，在让利的同时实现销售目标，从而兼顾企业的长期发展和消费者的持续满意。

◉ 经验启示

与 4P 和 4C 理论相比，4R 理论是在新的平台上构建了营销的新框架，它不但重视企业的内部因素和外部环境，而且更加注重内部因素和外部环境的联系。它的最大特点是以竞争为导向，这主要表现在以下几个方面。

（1）整合内外资源，快速响应需求，建立多方关联，实现互动与双赢，同时也延伸和升华了便利性。

（2）体现并落实了关系营销的思想，通过关联、关系和反应，提出了企业如何主动创造需求，建立关系、长期拥有客户、保证长期利益的营销方式。

（3）回报兼容了成本、价格和双赢方面的内容。可以说，4R 是新世纪营销理论的创新与发展，它必将对营销实践产生积极而重要的影响，但运用 4R 要求的条件较为苛刻，操作存在一定困难，短期内难以见到效益。

> 四精管理工法

第四节　长尾理论：让今天的冷门变成明天的热门

◎ 概念阐述

长尾理论指以前被认为是边缘化的、地下的、独立的产品，现在共同占据了一块市场份额，足以与最畅销的热卖品匹敌。这里的长尾有两个特点：一是细，这是因为长尾是份额很少的、在以前不被重视的市场；二是长，即市场虽小，但数量众多。

◎ 形成背景

2004年10月，美国《连线》杂志主编克里斯·安德森提出长尾理论，用来描述亚马逊、奈飞等网站的商业和经济模式。他认为，只要存储和流通的渠道足够大，需求不旺或销量不佳的产品共同占据的市场份额就可以和那些数量不多的热卖品所占据的市场份额相匹敌，甚至更大。

◎ 实操方法

长尾理论在销售方面的应用主要体现在如何通过满足大量小众市场的需求来实现销售增长，可采取以下方法。

1. 优化关键词

在内容营销中，使用长尾关键词优化搜索引擎排名，吸引特定细分市场的受众。长尾关键词虽然单个流量较低，但总体流量可观，且转化率较高。

2. 创作大量高质量内容

生产大量针对不同小众市场的内容，以满足不同消费者的具体需求。了解目标受众的需求、兴趣和偏好，制定全面的内容战略，并提供有价值的信息。

3. 多渠道内容传播

利用多种媒体平台和渠道推广产品或服务，如社交媒体、电子邮件营销、搜索引擎优化和在线广告等，以触及潜在的小众受众。

4. 提升关注量和粉丝基础

在社交媒体和内容平台上建立强大的粉丝基础，通过互动和分享增加内容的曝光度，从而提升关注度，吸引更多潜在客户。

5. 差异化营销战略

针对细分长尾市场，通过差异化营销战略塑造品牌独特性。

6. 增大尾巴

降低门槛，制造小额消费者。与传统商业的"拿大单"不同，互联网营销应该把注意力放在"如何把蛋糕做大"上，通过鼓励用户尝试，将众多可以忽略不计的零散流量，汇集成巨大的商业价值。

7. 管理成本控制

长尾理论统计的是销量，而不是利润。销售每件产品都需要一定的成本，增加品种所带来的成本也需要分摊。因此，管理成本是获得盈利的关键。

◉ 应用案例

明润华创在金融信息化领域的崛起之路，深刻诠释了长尾理论在市场营销策略中的实际应用与成效。作为一家从初创企业迅速成长为行业重要参与者的高新技术企业，明润华创的发展历程为我们提供了一个生动的案例，展示了如何通过精准识别并服务长尾市场，实现企业的快速成长与持续创新。

一是市场细分与长尾市场的精准定位。在创立之初，明润华创面临着来自大型商业银行市场的激烈竞争。这些市场不仅竞争激烈，而且进入门槛高，对于一家新成立的企业来说，难以在短时间内取得突破。因此，明润华创选择了一条不同寻常的发展道路——专注于中小型商业银行、农村商业银行及农村信用社等长尾市场。通过深入的市场调研和分析，明润华创发现这些长尾市场虽然单个客户规模较小，但数量庞大，总体需求不容忽视。更重要的是，这些长尾客户往往面临着更加复杂的业务场景和更为迫切的信息化需求，而自身IT能力有限，难以独立解决，这为明润华创提供了巨大的市场机会。

二是产品与服务定制化。为了有效满足长尾市场的多样化需求，明润华创采取了产品与服务定制化的策略。公司组建了一支专业的技术团队，负责根据客户的具体需求进行产品定制和开发。无论是智慧银行系统、票据管理平台还是大数据应用解决方案，明润华创都能够为客户提供量身定制的解决方案。

除了产品定制化外，明润华创还注重服务的个性化。公司提供了包括项目咨询、方案设计、系统实施、运维支持在内的全方位服务。在项目启动前，公司会与客户进行深入的沟通和交流，了解客户的具体需求和业务场景，然后量身定制项目方案。在项目实施过程中，公司会派遣专业的技术团队进行现场指导和支持，确保项目顺利进行。在项目完成后，公司还会定期进行回访和维护，确保系统的稳定运行和客户的持续满意。

三是降低交易成本与提升客户价值。长尾市场的可持续发展离不开交易成本的有效降低和客户价值的持续提升。明润华创采取了多种措施降低交易成本。首先，通过规模化采购和标准化生产等方式，有效降低了单位产品的生产成本。这使得公司能够以更具竞争力的价格提供给长尾客户高质量的产品和服务。其次，公司优化了内部管理流程，提高了工作效率和响应速度，降低了运营成本。最后，公司还积极利用互联网和信息技术手段，提高了销售和服务效率，降低了交易成本。在提升客户价值方面，明润华创注重与客户的深度合作和长期共赢。公司不仅关注产品本身的性能和质量，还注重为客户提供更多的增值服务。例如，公司会定期为客户提供技术培训和咨询服务，帮助客户提升信息化水平；还会根据客户的业务发展需求，不断升级和完善产品功能，确保客户能够始终享受到最新的技术成果。此外，公司还积极构建客户关系管理系统，通过数据分析、挖掘等手段，深入了解客户需求和偏好，为客户提供更加精准和个性化的服务。

四是拓宽长尾市场的覆盖范围。为了更广泛地覆盖长尾市场并提升品牌影响力，明润华创采取了多渠道营销策略。公司不仅通过参加行业展会、举办技术交流会等传统的线下渠道拓展业务,还积极利用互联网和社交媒体等新兴渠道进行品牌推广和客户服务。在线上渠道方面,公司建立了自己的官方网站和社交媒体账号,通过发布行业动态、技术文章、成功案例等内容吸引潜在客户关注,利用搜索引擎优化和社交媒体营销等手段提高网站的曝光率和访问量。此外,公司还积极与行业协会、专业媒体等建立合作关系,通过撰写专栏文章、接受媒体采访等方式提升品牌知名度和影响力。除线上渠道外,公司还注重线下渠道的拓展和维护。公司定期参加国内外行业展会和技术交流会等活动,与同行和客户面对面地交流。

明润华创的发展历程充分展示了长尾理论在市场营销策略中的成功应用。通过精准识别并服务长尾市场、实施产品与服务定制化策略、降低交易成本与提升客户价值,以及采取多渠道营销与品牌建设等措施,公司成功实现了从初创企业到行业重要参与者的华丽转身。

经验启示

(1)长尾市场的核心特点在于需求的多样化和碎片化。长尾理论对传统经济学中的规模经济和大众市场理论提出了挑战,强调了在数字化时代,小众市场和个性化需求的重要性。

(2)尽管数字化技术降低了生产和分销成本,使得即使是销量较小的产品也能在市场上生存,但如果增加新产品的边际利润大于边际成本,则增加冷门产品经营成本得不偿失。

(3)产品的发现性在长尾市场中至关重要,商家需要能够有效利用搜索引擎、推荐系统、用户评价、多平台传播等过滤器,帮助消费者在海量产品中找到自己感兴趣的商品。

第五节　范围经济：增加品类，降低成本

◎ 概念阐述

范围经济是一种独特的经济现象，它源于特定区域内某一产业的集聚效应。当一个地区汇聚了某产业所需的人力资源、配套服务业、原材料与半成品供应链以及销售渠道等要素时，该地区在发展该产业时就具备了相较于其他地区的显著优势。这种优势不仅体现在资源的高效利用和成本的节约上，还表现在产业链的协同效应和市场竞争力的提升上。

◎ 形成背景

范围经济的概念起源于20世纪70年代中期，当时的经济学家开始注意到，某些企业在生产多种产品时，能够实现成本上的优势。这种优势并非单纯来源于生产规模的扩大，而是由于生产多种产品时，能够共享某些固定成本，如生产设备、研发资源和管理费用等。在此背景下，范围经济的理念逐渐形成，并开始受到学术界的关注。

20世纪80年代，随着全球化和技术进步的加速，范围经济开始在实际经济活动中显现出巨大的潜力。许多企业开始尝试多元化经营策略，通过拓展产品线和服务范围来降低成本、提高效率。

在市场的推动下，范围经济逐渐渗透到各个行业。无论是制造业、服务业

四精管理工法

还是高新技术产业，都开始尝试通过多元化经营来实现范围经济效益。这种趋势不仅促进了企业内部的资源配置优化，还推动了整个产业链的升级和转型。

实操方法

范围经济的实操方法主要涉及市场调研与定位、产品开发与多元化、资源共享与协同、风险管理与成本控制等关键步骤。

1.市场调研与定位

（1）深入市场调研。①确定调研目标：明确调研目的，例如了解消费者需求、分析竞争对手策略或评估市场潜力。②设计调研工具：根据目标设计问卷、访谈指南或观察记录表，确保问题针对性强且能收集到有效信息。③实施调研：通过线上平台、电话、实地拜访等多种方式收集数据，确保样本的广泛性和代表性。④数据分析：运用统计软件对收集到的数据进行整理、分析和解读，提炼出有价值的市场洞察。

（2）精准市场定位。①目标市场分析：基于调研结果，确定目标市场的特征、需求和偏好。②竞争态势评估：分析竞争对手的优势和劣势，明确自身的市场机会和威胁。③定位策略制定：结合目标市场分析和竞争态势评估，制定符合企业自身资源和能力的市场定位策略。

2.产品开发与多元化

（1）差异化产品开发。①需求洞察：根据市场调研结果，深入挖掘消费者的潜在需求和痛点。②创新设计：结合技术趋势和行业动态，进行产品创新设计，打造独特卖点。③原型测试与反馈：制作产品原型并进行测试，收集用户反馈以优化产品设计。

（2）多元化经营策略。①相关产品拓展：开发与核心产品相关联的新产品，满足消费者的延伸需求。②新市场细分：识别并进入新的市场细分，扩大市场份额。③增值服务提供：提供与核心产品相关的增值服务，增加客户黏性和盈利点。

3. 资源共享与协同

（1）内部资源共享。①资源盘点与优化：对企业内部的各项资源进行盘点，明确可共享的资源类型和数量。②共享平台建设：建立内部资源共享平台，促进不同部门之间的资源流通与利用。③效率监控与改进：定期对资源共享的效率进行监控和分析，不断优化共享机制。

（2）部门协同合作。①跨部门沟通机制：建立定期的跨部门沟通会议，促进信息共享和问题解决。②协同工作流程：制定协同工作的标准和流程，确保各部门之间的顺畅合作。③团队培训与激励：加强跨部门团队的培训和激励，提高团队协作能力和创新意识。

4. 风险管理与成本控制

（1）风险识别与评估。①建立风险识别机制：定期对市场环境、竞争对手和企业内部进行风险评估。②风险量化与定性分析：对识别出的风险进行量化和定性分析，明确风险的大小和发生概率。③风险应对策略：针对不同类型的风险制定相应的预防和应对措施。

（2）精细化成本控制。①成本预算编制：根据产品开发和市场定位策略编制详细的成本预算。②成本核算与监控：建立成本核算体系，实时监控成本变化并进行分析。③成本优化措施：通过优化采购策略、改进生产

四精管理工法

流程等方式降低成本消耗；激励员工提出成本节约的建议和措施，形成全员参与的成本控制氛围。

应用案例

作为全球科技行业的佼佼者，苹果公司起初以生产 Mac 个人电脑为主，奠定了其在科技领域的地位。面对日新月异的市场环境和消费者对于电子产品多样化的需求，苹果公司审时度势，巧妙地运用了范围经济理论。通过不断拓展产品线，苹果公司成功地从一家专注电脑制造的企业，转型为一个提供全方位科技产品的行业巨头。苹果公司在实施范围经济策略时，采取了多维度、全方位的措施，确保了策略的有效性和可持续性。

首先，产品线的大胆扩展是苹果范围经济策略的核心。从 Mac 电脑起步，苹果公司逐步推出了 iPhone、iPad、Apple Watch 以及一系列配件产品。这一扩展不仅覆盖了更广泛的消费群体，而且各个产品之间形成了良好的互补效应。例如，iPhone 和 iPad 可以无缝连接 Mac 电脑进行文件传输和同步，而 Apple Watch 则可以作为手机的辅助设备，提供健康监测和消息提醒等功能。

其次，技术资源的深度共享为苹果公司带来了显著的成本优势和创新动力。苹果公司的所有产品都运行在其自主研发的操作系统之上，如 iOS、iPadOS、macOS 等，这些系统之间的兼容性和互联互通性，为用户提供了极佳的使用体验。此外，苹果公司自主设计的芯片，如 M 系列和 A 系列，也广泛应用于其各类产品中，这不仅保证了产品性能的一致性，还大幅降低了生产成本。

最后，品牌与市场的全面协同使得苹果公司的产品线更加具有市场竞争力。苹果公司以其卓越的设计、出色的用户体验和强大的品牌号召力，成功地将各个产品打造成了市场上的热销品。统一的营销策略和遍布全球的零售店，进一步强化了苹果品牌的全球影响力。

通过精心策划和实施范围经济策略，苹果公司取得了令人瞩目的市场成果和经济效益。

○ 经验启示

（1）多元化经营有助于企业拓展市场、分散风险并提升整体盈利能力。然而，过度多元化也可能导致资源分散，削弱企业的核心竞争力。因此，企业在追求范围经济时，必须谨慎权衡多元化与核心竞争力之间的关系。

（2）范围经济的另一个重要启示是资源共享和协同效应的最大化。在实践中，企业应充分挖掘内部资源的潜力，实现资源在不同业务单元之间的有效共享。同时，通过优化业务流程和加强部门间的协同合作，可以提高整体运营效率和市场响应速度。

（3）在追求范围经济的过程中，企业必须灵活应对市场变化和风险挑战。由于外部环境的不确定性，市场需求和竞争格局可能随时发生变化。因此，企业需要建立敏锐的市场洞察能力和快速响应机制，以便在变化中捕捉机遇并降低风险。

（4）范围经济的实践还要求企业具备持续学习和组织能力提升的意识。随着技术的不断进步和市场竞争的加剧，企业需要不断更新知识、提升技能并优化管理流程。

> 四精管理工法

第六节　数字营销：在互联网时代打造爆款

◎ 概念阐述

数字营销主要是通过应用数字技术推广产品和服务，以实现明确的营销目标，渠道包括但不限于社交媒体、搜索引擎、电子邮件、网站和移动应用，主要载体包括互联网电脑、手机、互联网电视、AR/VR设备等。数字营销的核心在于通过数据分析和用户行为研究来优化营销活动，通过创新的内容和渠道来吸引受众，增强品牌影响力，并最终实现营销目标。

◎ 形成背景

互联网的普及和数字技术的进步为数字营销提供了技术基础。用户行为的数字化转变，使得企业开始重视线上渠道与消费者的互动。Web 2.0时代，社交媒体兴起，用户生成内容成为趋势，互动营销成为主流。移动互联网的兴起，尤其是智能手机的普及，极大地推动了数字营销的发展。在当下的大数据时代，数据分析和用户行为追踪技术的发展，使得营销活动更加精准和个性化，数字营销的重点从单纯的在线广告和流量获取，转变为建立与用户的深度连接，并通过数据分析来优化营销策略。

实操方法

数字营销是一个多样化的领域，它包含了多种策略和方法来吸引、参与和保留客户。以下是一些典型的数字营销方法，这些方法可以结合使用，以形成一个全面的数字营销策略。

1.借助互联网信息平台的营销方法

（1）搜索引擎优化：通过优化网站内容和结构，提高在搜索引擎结果页中的排名，从而吸引更多的有机流量。

（2）付费广告：在不同的数字平台上投放广告。

（3）内容营销：创造和分发有价值、相关和连贯的内容，以吸引和留住明确定义的受众，并最终驱动营利性的客户行动。

（4）社交媒体营销：利用社交媒体和短视频平台来推广产品或服务，与消费者建立关系。

（5）直播营销：通过直播平台进行实时互动，增加用户参与度和即时反馈。

（6）视频营销：制作和分享视频内容，利用视频平台来吸引和参与受众。

2.基于利益相关的营销方法

（1）影响者营销：与有影响力的人合作，利用他们的影响力和受众基础来推广产品或服务。

（2）口碑营销：鼓励满意的客户分享他们的正面体验，以吸引新客户。

（3）联盟营销：与合作伙伴建立关系，通过他们的推荐来销售产品，并按销售额支付佣金。

3. 基于企业自有平台的营销方法

（1）移动营销：针对移动设备用户，开发有助于提升使用黏性的移动应用等。

（2）数据分析和营销自动化：利用数据分析工具来理解消费者行为，自动化营销流程，提高效率和个性化体验。

（3）用户体验优化：通过改善网站或应用的用户体验来提高用户参与度和转化率。

（4）个性化营销：根据用户的行为、偏好和历史数据来定制营销信息和内容。

（5）本地化营销：针对特定地理位置的消费者进行的营销活动，通常涉及本地化搜索和本地广告。

应用案例

从2023年3月"大学生组团到淄博吃烧烤"的话题冲上热搜开始，连续几个月不息的"淄博烧烤"热潮，为淄博吸引了大量的旅游、消费人群，引来了众多的好评，这让淄博成为当之无愧的"网络红城"。

不过，网络热度毕竟只是一时的，淄博市政府和人民之后的表现，才是让此次流量维持的根本原因。

一是市政府围绕"以人民为中心"进行的政府职能转型、营商环境优化，以及诚信建设、民生保障、社会治理等制度建设已经打下了政通人和、持续健康发展的基础。随着"淄博烧烤"的爆火，不少商户趁着烧烤"东风"纷纷提交许可申请。"没想到办理当天就拿到了营业执照、食品经营许可证，审批效率真是太高了。"据统计，截至2023年4月下旬，淄博市烧烤店家数量已超过1000家，淄博市烧烤产业从业人员已超过5000人。而且淄博在市场监管、交通、卫生环境、宣传、公安、民生等各个方面，都给人有备而来的感觉。从车站出发，大厅里挂着"淄博烧烤"的巨幅电子海报。相关政府部门为提升游客体验，不断颁布有力政策，短短一周左右，一系列服务配套措施就纷纷出台，设置淄博烧烤名店"金炉奖"、成立烧烤协会、绘制淄博烧烤地图、开设21条烧烤定制专线，让游客可以"上车休息，下车开吃"。政府大院腾出来做停车场，还安排了志愿者为往返旅客提供交通住宿等咨询服务，增派执勤人员维护烧烤摊点、大排档的治安秩序。

二是当地商户和居民展现了热情好客、诚信淳朴的传统美德，为了给外地游客留下更好的城市印象，纷纷做出力所能及的贡献，出租车师傅们努力推荐新兴的"必打卡地"，烧烤店老板向食客们宣传淄博悠久的城市文化等。人们在这里感受到了热情和人间烟火气，得到了真正宾至如归的服务，还看到了价格童叟无欺、足斤足两，因此，继续在互联网平台上为淄博宣传。

● 经验启示

（1）数字营销是触达用户的手段，背后需要真正好的商品和服务，才能维持口碑和热度，真正打造出爆款。

（2）AI技术的应用将带来数字营销的新发展。企业面临着从传统营销向数字营销转型的挑战，这要求企业从顶层设计到实施的一整套业务流程全部实现数字化转型。

◆ 四精管理工法

第七节　黑客增长：基于用户行为数据优化完善

◉ 概念阐述

黑客增长，作为一种前沿的市场营销策略，融合了数据驱动决策、创新思维及快速实验等多个维度，其核心在于通过深入挖掘和分析用户数据，以低成本、高效率的手段推动用户规模实现迅速扩张。这种策略不仅强调对用户行为的深刻理解，更要求企业能够基于这些数据，精准地定位并满足目标用户的需求。通过不断实验与策略迭代，企业能够迅速找到与市场最为契合的增长点，并且能够实现客户全生命周期的价值最大化。

◉ 形成背景

黑客增长的概念源于互联网行业的迅速发展和创业环境的变革。"黑客增长"企业发展理论源于肖恩·埃利斯，他提出"黑客的唯一使命就是增长"，并积极倡导企业把关注用户体验和价值作为企业增长的目标。随着互联网技术的不断进步，越来越多的企业开始意识到，传统的市场营销手段已经无法满足快速变化的市场需求和用户期望。一方面，用户生成内容的兴起和社交媒体的普及，使得信息传播的速度和范围大大增加，这为黑客增长策略的形成提供了基础。另一方面，许多初创企业面临着资金紧张和市场竞争激烈的双重压力，为了在有限的资源下实现快速增长，便开始尝试各种创新的营销手段。黑客增长就是在这样的背景下应运而生，它强调的是利用有限的资源，通过创新和高效的手段，实现用户数量的快速增长。

实操方法

黑客增长的实操方法融合了数据科学、用户心理学和产品设计等多个学科的知识。以下将详细探讨在业界已被广泛验证的几种核心实操方法。

1. 数据驱动的用户洞察

要通过收集和分析用户数据来深入理解目标用户。收集用户行为数据、交易数据、社交媒体互动数据等，并利用数据分析工具洞察用户的行为模式、偏好和需求。这些数据不仅用于制定个性化的营销策略，还可以为产品迭代和优化提供方向。

2. A/B 测试与多变量测试

为了找到最有效的营销策略和产品优化方案，黑客增长强调进行 A/B 测试或多变量测试。这些测试方法允许企业同时运行多个版本的营销策略或产品设计，并通过对比数据来确定哪个版本效果最佳。例如，通过测试不同的广告文案、按钮颜色或页面布局，找到最能吸引用户点击和转化的方案。

3. 利用病毒式营销

病毒式营销是黑客增长的一种关键策略，它通过创造具有吸引力和分享价值的内容，激发用户的自发传播。这通常涉及设计巧妙的邀请机制，如提供推荐奖励或优惠券，以激励现有用户邀请新用户。此外，创建易于分享的内容，如有趣的视频、互动游戏或在线挑战，也能促进病毒式传播。

4.跨平台合作与引流

黑客增长还涉及与其他平台的合作，以扩大品牌曝光和用户获取渠道。这包括与社交媒体平台或相关行业进行合作，通过内容共享、联合推广活动或互换资源来实现共赢。例如，爱彼迎早期就通过与克雷格列表等分类广告网站合作，自动同步房源信息，从而吸引了大量潜在用户。

5.精细化的用户分群与个性化营销

根据用户数据和行为模式，将用户细分为不同的群体，并为每个群体制定个性化的营销策略。这可以通过电子邮件营销、推送通知或定制化内容来实现。精细化的用户分群有助于提高营销活动的针对性和转化率。

○ 应用案例

爱彼迎民宿平台，作为共享经济的代表性企业，其成功背后也隐藏着巧妙的黑客增长策略。爱彼迎在初创时期，面对的最大挑战是如何在竞争激烈的市场中快速吸引房东和租客。他们意识到，传统的营销方式成本高昂且效果有限，因此需要寻找一种更具创新性和效率的策略。

第一，精准选择合作平台。爱彼迎选择了当时已经拥有大量用户的克雷格列表作为合作对象。克雷格列表是一个分类广告网站，用户群体广泛，且很多用户都在寻找住宿信息，这与爱彼迎的目标用户高度重合。

第二，技术驱动的信息同步。爱彼迎利用技术手段，实现了每当房东在爱彼迎平台发布房源信息时，这些信息会自动同步到克雷格列表上。这样做不仅提高了爱彼迎的房源曝光率，还吸引了大量克雷格列表的用户点击跳转到爱彼迎平台。

第三，优化用户跳转体验。为了确保从克雷格列表跳转过来的用户能够获得良好的体验，爱彼迎对网站界面进行了精心设计，确保用户能够轻松找到并预订心仪的房源。同时，他们还优化了预订流程，减少了用户从浏览到预订的转化路径，提高了转化率。

第四，提供增值服务。爱彼迎不仅提供了房源信息，还为房东提供了专业的摄影服务，确保房源照片的高质量展示。这一增值服务不仅提升了房源的吸引力，还增强了用户对爱彼迎平台的信任感。

第五，持续的用户互动与反馈。爱彼迎非常注重用户反馈，他们通过社区论坛、在线客服等方式与用户保持紧密互动，及时了解并解决用户在使用过程中遇到的问题。这种持续的用户互动不仅提高了用户满意度，还为其产品迭代提供了宝贵的用户反馈。

爱彼迎通过精准选择合作平台、技术驱动的信息同步、优化用户跳转体验、提供增值服务和持续的用户互动与反馈等举措，以较低的成本实现了用户的快速增长。

◎ 经验启示

（1）黑客增长的核心是用户洞察与快速迭代。首先要求营销人员通过用户调研和数据分析，精准把握目标受众的兴趣和痛点，进而通过不断试错和迭代找到最有效的营销方法，实现业务的快速增长。

四精管理工法

（2）社交媒体与病毒式传播的利用。社交媒体和网络平台成为接触和吸引潜在客户的低成本、高效率工具。通过创造吸引人的内容和构建病毒式传播机制，可以激发用户的自发分享，从而实现产品或服务的广泛传播。

（3）数据驱动的思维方式是黑客增长不可或缺的部分。黑客增长要求持续监控营销活动的效果，并根据数据进行优化。通过设定明确的关键绩效指标，收集并分析用户行为和转化率等数据，营销人员可以及时调整策略，确保营销活动的高效性。

> **管理金句**
>
> 增长黑客的秘诀在于找到创新的增长点，而不是仅仅依靠传统的营销手段。
>
> ——肖恩·埃利斯

第八节 蓝海战略：通过价值创新开拓新市场

◎ 概念阐述

蓝海战略的核心在于创造新的需求和市场，而不是在现有市场中与竞争对手进行激烈的价格竞争。这种战略鼓励企业通过提供独特的价值主张来吸引消费者，重新定义市场和竞争规则，创造新的市场空间。

◎ 形成背景

蓝海战略由欧洲工商管理学院的两位教授在2005年提出，他们将竞争激烈、利润稀薄的现有市场称为"红海"，而将由价值创新开创的新的无人争夺的市场称为"蓝海"。蓝海以战略行动作为分析单位，战略行动包含开辟市场的主要业务项目所涉及的一整套管理动作和决定，在研究1880—2000年30多个产业150次战略行动的基础上，他们指出价值创新是蓝海战略的基石。

◎ 实操方法

蓝海战略的实操方法如下。

> 四精管理工法

1. 找到和发展蓝海

一是重建市场边界：跨越现有产业边界，重组元素，创造新的市场空间。二是超越现有需求：关注非顾客群体，包括准非顾客、拒绝型非顾客和未探知型非顾客，寻找买方共同点，通过满足他们的共同需求来扩大市场规模。三是遵循合理的战略顺序：将蓝海创意变为战略执行，按照为买方提供效用、合理价格、成本可控、内外部均可接受的顺序来构建和执行战略。四是克服关键组织障碍：识别并克服组织内部的认知障碍、有限资源的限制、员工动力障碍等。

2. 开采和保护蓝海

蓝海是动态而非静止的，企业管理者应随时监控其蓝海业务的价值曲线。当该曲线与产业平均曲线相异时，企业需利用现有优势不断拓深、拓宽蓝海。而当该曲线开始与产业平均曲线趋同时，企业需要及时更新蓝海。成功的蓝海战略会催生内嵌式模仿壁垒，包括战略协调壁垒、认知和组织壁垒、品牌壁垒、经济和法律壁垒，保护企业不被其他模仿者攻破。

● 应用案例

奈飞的蓝海战略是一个典型的通过持续创新和转型来开拓新市场的例子。最初，奈飞在消费者群体中开创新的蓝海，百视达则不为所动。6年后，百视达意识到自己需要进入在线租赁市场时，开创者奈飞已凭借自己独特的商业模式开始获利，并颠覆了消费者的观看与购买习惯。在红海中墨守成规的百视达只能宣布破产。奈飞应用蓝海战略的方法如下。

第一，从在线租赁和邮寄 DVD 到网络流媒体播放的转型。奈飞最初以在线租赁和邮寄 DVD 起家，1998 年，奈飞首先构建了线上预订模式，颠覆了"租赁红海"耗时久、成本高的特征，废除了传统租赁业务 20% 左右的收入来源——罚金，大幅提高用户价值，并通过线下的 DVD 仓库和美国邮政网络节省了运营成本。随着线上内容的丰富，公司转为提供网络流媒体播放服务，这一转型使得奈飞能够提供更便捷的观影体验，吸引了大量用户。

第二，自制内容的创新。奈飞不满足于仅仅播放旧内容，开始通过外部制片公司创作新内容，如全球热播的美剧《纸牌屋》。这一策略不仅增加了奈飞的内容独特性，也提高了用户黏性。

第三，技术和数据驱动。奈飞创办科学实验室，通过模拟人脑运作重塑推荐系统，用大数据分析用户行为，优化内容推荐算法，打造了高质量的会员定制服务，提高用户满意度和忠诚度。

经验启示

（1）应围绕核心优势寻找蓝海：蓝海不仅存在于红海之外，也出现于红海之中。很多企业成功开发的蓝海战略，都来自已有产业的红海内部，而非全新领域。聪明的企业要学会衡量风险，围绕核心业务开创蓝海。

（2）蓝海是增量市场，不能将全部资源倾注其中：由于蓝海市场的开发时间漫长、投入大，而且在当前模仿加速、市场快速迭代的背景下，红、蓝海的转化速度不断加快，是一种具有较高风险的战略方向。

（3）价值创新是用户导向技术创新与管理创新的结合：需要将以买方价值为基础的技术创新，与对产品、生产等环节的重塑相结合，实现价值创新。

第三章 运营战术

第一节 阿米巴模式:如何成为运营高手

◎ **概念阐述**

阿米巴经营是稻盛和夫在京瓷公司的经营过程中独创的经营管理系统。它的核心理念是通过将公司组织划分为"阿米巴"小集体,采取赋权、分权和自主模式,依靠各个"阿米巴"的领导者自行制订计划,并激发阿米巴全体成员的智慧和努力完成业绩目标,从而实现全员参与经营。

◎ **形成背景**

阿米巴又名"变形虫"。其最大特性是能够不断地进行自我调整来适应所面临的生存环境,是地球上最古老、最具生命力和延续性的生物体。

稻盛和夫于1959年创立京瓷公司,创立之初仅有30余名员工,随企业发展至几百人后,稻盛和夫发现企业员工奋斗精神呈现下降趋势,受瓷器生产工作环境以及陶瓷元器件市场价格波动影响,公司离职率持续上升。1964年,为解决公司在高速发展过程中出现的劳资矛盾和管理规模快速膨胀等问题,稻盛和夫运用经营哲学与经营方法让员工与企业形成利益共同体,实现了公司的持续发展,该管理方法被称为阿米巴经营法。

实操方法

阿米巴经营模式的本质是一种量化的组织方式,推行时应该遵循由上到下、由大到小、分层逐步推进赋权的管理模式。具体采取途径如下。

(1)划定阿米巴:将组织划分为小型自治单元,称为阿米巴。阿米巴可以是一个部门、一个项目组或一个生产线等,具体根据组织结构和业务需求确定。

(2)确定利润中心意识:每个阿米巴被视为一个利润中心,其绩效直接与其利润相关。

(3)实施目标管理:阿米巴模式强调设定明确的目标,并通过绩效评估来跟踪和评估实际业绩。

(4)实施分权决策:给予每个阿米巴经营单位一定的决策权和财务自主权,使其能够自主地进行经营和管理,增强其责任感和创造力。

(5)加强沟通和协作:推动阿米巴内部的沟通和协作,促进知识共享和经验分享。建立协作机制和跨部门合作的桥梁,使阿米巴之间能够共享资源、互利共赢。

(6)建立激励机制:制定激励体系,通过与业绩挂钩的奖金和利润分配机制,激发员工的积极性和工作动力。

四精管理工法

◯ 应用案例

2010年，日本航空公司面临严重的财务危机，最终申请破产保护。在这一关键时刻，稻盛和夫受邀接手日航重建工作。2012年，日航已成为全球航空业的利润冠军，盈利高达2049亿日元。

在短短两年内，稻盛和夫运用阿米巴经营哲学为日航执行了三项重要举措。

第一，为日航植入经营哲学。以开会形式传授"敬天爱人"思想，引导员工热爱自己的工作和生活，要求员工投入热情做事，不仅仅是遵照工作守则，而是要发自内心地为客户着想。此类学习会每周举行4次，累计50位主要领导人进行了经营哲学的主题分享，其中稻盛和夫亲自主讲6次，实现了经营理念的层层渗透。

第二，改造日航现有财务系统，导入经营会计。经调查，日航多数航线长期亏损，主要原因是经营者无法在经营上做出准确判断，经营者缺乏效益意识，甚至不清楚每条航班、航线的具体亏损。在稻盛和夫的指导下，日航迅速引入针对企业目标进行测量的"系统量化工具"，日航的每个部门和子公司都清晰日航经营的实际状况，让员工从数据看到企业经营的问题，自我分析并自发地拿出相应的解决方案。

第三，建立适合日航特点的阿米巴经营体制。将阿米巴分部门的核算经营体制引进日航，让日航的各个部门成为一个个更精细的小集体，再对这些小集体进行独立核算管理。通过阿米巴分部门核算，将日航每条航线划分成一个个独立的小集体，每条航线都以一个经营责任人为核心，员工主动参与航线经营，实现"全员参与经营"。

在稻盛和夫的领导下，日航在两年内实现了从营业利润率 -17% 到 17% 的大逆转，并在2012年重新上市，成为全球航空业的利润冠军。

◎ 经验启示

近年来，中国许多企业进行了组织变革和转型，其中不少企业尝试采用阿米巴模式，但效果并不理想。然而，这些企业从阿米巴模式的失败中汲取了宝贵的经验教训。

（1）明确实施阿米巴模式的出发点至关重要。应降低集权式的管理控制、倡导自主经营并发挥员工的个人能动性。

（2）配套的激励机制是重中之重。阿米巴模式的采用并不是为了在管理者付出相等的情况下让员工付出更多，激励机制应该体现利他共赢的原则。

（3）切忌将阿米巴模式做成承包制。不能认为只需实现自主经营和自负盈亏，就能应用阿米巴模式，否则阿米巴模式就会变成一种承包制度。在这种情况下，承包者与企业之间仅存在纯粹的利益关系，他们追求的将只是承包期内的短期利益。

（4）注重企业文化的培养是行稳致远的关键。有些企业存在不良的文化氛围，包括人员过剩、拉帮结派、拖延推诿和信任不足等问题，管理层与员工之间存在利益博弈，缺乏利他共赢的思想。

（5）合理授权更能调动全员积极性。由于阿米巴是独立经营实体，因此应该进行适当的授权，确保权责对等，以激发阿米巴内所有员工的积极性。

（6）注重培养值得信赖的"巴长"队伍。企业在执行阿米巴模式时需注重人才的培养和选拔，确保拥有适应阿米巴模式的员工和管理者，这是关键的一环。

第二节　对标管理：如何比竞争对手更出色

◉ 概念阐述

对标管理是一种通过比较和学习行业内或行业外的优秀企业，以提升自身绩效的管理方法。对标，就是紧紧盯住业界最高水平，对比标杆找差距，从而明确工作的总体方向。对标的基本思路可以分为四类：内部对标、竞争性对标、行业或功能对标、与不相关的公司进行工作程序对标。

◉ 形成背景

对标管理产生于20世纪70年代末至80年代初美国企业反向学习日本经验的运动中，由罗伯特·开普担任施乐公司的副总裁时，首开对标管理先河，随后，西方企业群起跟风，形成"对标管理浪潮"。

◉ 实操方法

对标管理的实操方法如下。

1. 确定对标对象

企业需要明确对标的对象，可以是在同一行业的领先企业、竞争对手，或者是在某个管理领域有卓越表现的企业。这一步骤需要基于企业自身的定位和战略目标来选择合适的对标对象。

2. 收集信息和数据

企业需要收集与对标对象相关的信息和数据，包括对标对象的组织结构、管理模式、业务流程、人力资源管理、财务指标等方面的数据。这些信息和数据可以通过调研、行业报告以及与对标对象的交流等途径获取。

3. 分析对标数据

收集到对标数据后，企业需要进行深入分析和比较，以识别对标对象的优势和差距，包括对比关键绩效指标、核心业务流程、组织结构和文化等方面，找出自身的不足之处和改进空间。

4. 设定目标并制订行动计划

在分析和比较的基础上，企业需要设定对标目标，并制订相应的行动计划。目标应该明确、可衡量、可实施，并与企业的战略目标相一致。行动计划应该包括具体的改进措施、时间表和责任人，以确保对标管理能够得到有效执行。

5. 实施和监控

企业在实施行动计划时，需要确保各项改进措施得以落地，并及时监控进展情况，包括制订明确的实施计划、分配资源、跟踪指标和结果，以及及时调整优化行动计划。

6. 持续改进和学习

对标管理是一个持续改进的过程，企业需要建立学习机制，不断总结经验、分享最佳实践，并将其运用到自身的管理实践中。这可以通过定期评估和审查对标结果、组织内部的知识分享和培训，以及与对标对象的合作交流等方式来实现。

应用案例

埃克森美孚公司在1992年实施了对标管理，目的是改善其加油站的服务质量。

在"建标"前期，公司通过调查发现，顾客最关心的不仅仅是价格，而是快捷的服务、友好的员工以及对消费忠诚的认可。基于这些发现，埃克森美孚组建了三个团队，分别关注速度（经营）、微笑（客户服务）和安抚（顾客忠诚度），并寻找各自领域的最佳实践者作为标杆。

在"立标"阶段，聚焦速度方面，埃克森美孚选择潘斯克公司作为标杆。潘斯克公司的团队着装统一，分工细致，配合默契，并且使用电子头套耳机让团队成员保持沟通。这些做法被埃克森美孚采纳，并应用于其加油站的运营中。在微笑服务方面，埃克森美孚选择以微笑服务著称的丽嘉-卡尔顿酒店作为标杆。通过观察丽嘉-卡尔顿酒店的服务细节，埃克森美孚认识到员工的使命是照顾客人，使客人感到舒适。这一理念被融入埃克森美孚的服务培训中，以提升员工的服务态度和质量。在安抚方面，埃克森美孚选择家居仓储作为标杆，学习其如何吸引回头客。通过分析，埃克森美孚认识到直接与客户互动的员工是公司最重要的资产，因此开始重视员工培训，以确保他们能够提供优质的服务。

在"对标"和"创标"阶段，埃克森美孚注重学习改进，持续发现和寻找自身与标杆对象之间的差距，并据此制定改进方案，实施了一系列改进措施，如在加油站引入快速通道、穿统一制服等，以提高服务效率和客户满意度。

通过对标管理，埃克森美孚成功提升了加油站的服务质量，增加了顾客的满意度，并提高了品牌的声誉。这一管理策略不仅帮助埃克森美孚在短期内得到明显的改进，也为其长期的发展奠定了坚实的基础。

◎ 经验启示

（1）汲取跨行业经验。借鉴其他行业的成功经验可以带来新的思路和创新。跨行业能够促进企业对自身业务和管理的全面思考，帮助发现改进和提升的机会。

（2）关注核心绩效指标。在对标过程中，重要的是关注核心绩效指标，即哪些是对企业成功至关重要的关键指标。通过与对标对象的比较，发现自身的差距和改进空间，并设定明确的目标来推动绩效的提升。

（3）融入战略规划。对标管理应与企业的战略规划相结合，确保对标目标与企业的长期发展目标一致。对标管理不仅仅是追随潮流，更要符合

四精管理工法

企业自身的定位和战略方向。

（4）强调实施和监控。制订明确的行动计划、分配资源，并设定有效的监控机制，确保改进措施得以落地和持续推进。

（5）开放合作与交流。可以通过开放的合作与交流平台，与对标对象进行互动和学习，与其他企业分享经验、开展合作，加速自身改进和学习的速度。

> **管理金句**
>
> 通过模仿最佳实践，你可以快速提升自己的管理水平。
>
> ——彼得·德鲁克

第三节　谷仓效应：打破组织边界

◯ 概念阐述

谷仓效应又称筒仓效应。谷仓用于储存粮食，只能垂直填充，相互之间却无法横向沟通。相互独立的一个个谷仓，其实是对各个组织、团队、企业和政府部门之间缺乏沟通状态的形象比喻。谷仓效应指机构出现过度分工，各部门困于一个个"谷仓"之中所带来的整体性的负面影响。

◯ 形成背景

组织边界源自分工和精细化管理的线性架构。在传统商业结构中，这种边界有助于提升效率，但在数字管理时代，却成为制约企业发展和敏捷转型的结构性障碍。也是企业核心的组织成本。长期来看，谷仓效应将使企业丧失协同能力，部门之间相互掣肘、内耗严重、缺乏凝聚力，最终削弱企业的整体效益和竞争力。

美国《金融时报》专栏作家吉莲·邰蒂在2015年对这些问题进行了深入思考，撰写出版《谷仓效应》一书，将社会组织中的一些各自为政、缺乏协调的小组织叫作谷仓，把这些小组织之间的不合作行为称为谷仓效应。

四精管理工法

实操方法

为了突破组织边界，企业或组织应更妥善地适应和利用谷仓效应所带来的机遇，具体可采用以下措施。

1. 跨组织合作与联盟

组织可以通过建立合作关系、联盟或伙伴关系来共享资源和知识，扩大自身的影响力和市场准入。通过与其他组织合作，可以共同开发新产品、拓展市场、共享研发成果等，从而更好地应对谷仓效应。例如，2019年，苹果公司与高盛合作推出了苹果信用卡，通过联合营销和技术整合，突破了传统金融与科技行业的边界。

2. 开放创新与生态系统构建

积极开展开放创新，与外部合作伙伴、供应商、客户和创新生态系统进行密切合作。这有助于加速创新、共享风险和资源，并实现组织边界的拓展。例如，特斯拉公司通过与其他电动汽车制造商分享其电动车充电标准，促进了电动车充电基础设施的建设，推动了整个行业的发展。

3. 扩展与价值链整合

组织可以通过跨区域扩展和扩大价值链整合来突破地域边界，充分利用不同地区的资源和市场。通过跨区域建立生产基地、供应链网络和销售渠道，组织能够更好地适应谷仓效应带来的资金流动和市场变化。例如，可口可乐和麦当劳在全球范围内建立了广泛的供应链网络和分销渠道，以满足不同地区的需求。

4. 技术创新与数字化转型

组织可以通过技术创新和数字化转型来打破组织边界。利用云计算、大数据分析、人工智能等技术，组织可以实现虚拟化运营、远程协作和全球资源整合，更好地适应谷仓效应的影响。例如，亚马逊通过其先进的物流和数字平台，实现了全球范围内的产品交付和市场覆盖。

应用案例

索尼集团的衰落与谷仓效应密切相关。20世纪90年代，索尼已经从一家生产录音机和电视机的企业，发展成包括收音机、电视机、电脑到房屋保险、电影等业务广泛、组织复杂的"庞然大物"。索尼决策层决定按业务领域将公司划分成多个专业的、独立运营的业务单元，也就是"谷仓"。由于各业务单元独立运营、自负盈亏，各业务单元之间不愿意分享创新想法，甚至也不愿意让优秀的员工去其他部门轮岗。于是，各业务单元停止了协作，给索尼公司的发展造成了巨大的损失。

1999年，索尼几个独立的业务单位几乎同时推出了三款随身听产品，而每一款随身听互不相关、各自为战，最终引起了市场混乱。后来，甚至出现了更为严重的情况：用户购买了35台索尼的设备，却需要35个不同的充电器。2006年，索尼决策层开始在集团内推动数字阅读器时，却发现不同业务单元的管理者不愿意和其他部门合作，最终导致数字阅读器这个项目失败。

四精管理工法

◎ 经验启示

防范谷仓效应要在企业制度层面精心设计。在战略布局和组织设计中，要取得集团统一管控与所属单元自治活力的最佳平衡。

（1）通过强化垂直纽带和关键部位，确保集团必要的战略控制和信息掌握。各单元间要归并联合相关业务，减少部门间过度分工，通过部门业务适度交叉和分工合作体制建设来减少复杂度，增加协同性。

（2）通过加强横向协同机制和信息共享平台建设，以减少信息壁垒和消极竞争。法国管理学家法约尔曾经提出分属不同管理路径的平行部门跨越管理路径、直接协商解决的跳板原则，以提高效率减少决策压力。

（3）在考核机制中也要注意克服谷仓效应。增加协同指标，在部门绩效之外，加上协同贡献，增加各部门之间的协作意愿。

管理金句

谷仓心态导致人们不愿共享信息，这会导致缺乏合作。

——帕特里克·兰西奥尼

第四节　CS 战略：以顾客满意为目标

◎ 概念阐述

CS 战略（Customer Satisfaction，客户服务战略）是一个组织在实施其业务模式时，通过价值创造、多渠道整合、人力资源管理和持续改进等要素来提供卓越的客户服务和体验，并制订持久关系的战略性计划。

◎ 形成背景

CS 经营战略在 20 世纪 80 年代开始受到重视，其演变发展历程可从三个角度追溯。

一是经营和竞争环境的变化。20 世纪 80 年代中期，西方市场竞争环境日益激烈，斯堪的纳维亚航空公司率先提出"服务与管理"观点，将服务的竞争作为企业赢得市场主动的关键。

二是质量观念与服务方式的变化。美国著名管理学家李维特指出："新的竞争不在于工厂里制造出来的产品，而在于能否给产品加上包装、服务、广告、咨询、融资、送货、保管或顾客认为有价值的其他东西。"这一观点代表了现代企业产品基本构成的发展演变，既包含了基本有形产品，也包括产品附加值，例如提供信贷、交货及时、售后周到等。

三是顾客消费观念和消费形态的变化。不同于物质匮乏的年代，生产

四精管理工法

力发展带动人们的消费理念发生改变。人们不再将物美价廉当作消费考虑的重点，而是更加注重产品的设计、品牌以及使用性能，感性认识在购买行为中更加突出。这直接影响了消费者对产品的满意度评价。

因此，企业意识到通过提供卓越的客户服务和体验，能够满足客户需求、建立良好的客户关系并在市场中取得竞争优势。

实操方法

CS 战略的实操方法如下。

（1）站在顾客的立场上研究和设计产品，尽可能把顾客的"不满意"从产品本身（包括设计、制造和供应过程）去除。

（2）不断完善服务系统，包括提高服务速度、质量等方面。

（3）千方百计留住老顾客，他们是最好的"推销员"。

（4）分级授权，这是实现让顾客满意的服务的重要一环。如果执行工作的人员没有决定权，什么问题都要等待上级命令，顾客满意是无法保证的。

应用案例

特斯拉汽车作为全球电动汽车领域的先行者，近年来一直保持着较高的增长速度，以其创新技术、豪华设计和环保理念在汽车市场脱颖而出。其中，特斯拉的营销策略不仅推动了电动汽车的普及，也为整个汽车行业树立了新的学习标杆。

第一，坚持直销模式，简化购车流程。通过自家的网站和实体店直接向消费者销售汽车，这样可以更好地控制并简化销售流程，实现价格透明，提供一致的品牌体验，并收集用户反馈。开设体验店及推行网上订购，让消费者能够亲身体验产品。所有特斯拉维修项目和配件价格统一，不会出现"一店一价、一车一价"的情况。

第二，提升售后服务质量，延长售后更新周期。特斯拉提供快速的售后服务响应和在线支持，解决了电动汽车用户可能遇到的问题。此外，特斯拉还通过软件更新不断改善车辆的性能和功能，推出远程升级技术，能够在不需要车主到经销商或车库进行升级的情况下，为车辆提供最新的软件和功能，从而提升驾驶体验和车辆性能。

第三，打造超级充电网络，持续增强充电服务体验。特斯拉投资建设超级充电站网络，通过增加充电站点的数量、优化现有充电站点的布局、提升充电速度和改善充电环境，提升服务质量。

第四，重视客户关系，推出口碑营销。通过用户推荐计划，特斯拉鼓励现有车主向潜在客户推荐车辆，因车主推销成功售出车辆，车主可获得特斯拉线上积分，从而建立了强大的品牌忠诚度。

当前，特斯拉的 CS 战略仍在不断进化，以适应新的市场环境。例如，特斯拉已经将重点转向自动驾驶技术，并计划在未来推出自动驾驶汽车和服务型机器人等新的产品。

◎ 经验启示

（1）深入了解并持续跟踪客户的需求和期望，建立有效的客户反馈机制，及时收集和处理客户的意见和建议，确保服务与客户需求保持一致。

（2）确保服务质量始终如一，在不同渠道提供一致的服务体验，避免

四精管理工法

服务水平的波动影响客户满意度。

（3）重视与客户建立长期关系，建立以客户为中心的企业文化和组织结构，促进内部协作。

管理金句

顾客满意是企业成功的唯一标准。

——比尔·盖茨

第五节 水坝式经营：适应变化留余地

◎ 概念阐述

水坝式经营通过类比水坝控制水流的方式，强调集中控制和层级管理，其特点包括强调层级结构、控制和决策集中在高层管理者手中、信息流向单向等。在水坝式经营中，决策和控制的权力通常集中在管理层手中，而员工则被视为执行者。

◎ 形成背景

1965 年 2 月，松下幸之助在日本关西的商界讨论会上提出了水坝式经营这一概念，并发表了题为《水坝经营和适正经营》的演讲。他提出的水坝式经营，是避免企业周期性震荡、减少不确定性对企业冲击的指导思想。

◎ 实操方法

水坝式经营的实操方法如下。

四精管理工法

1. 建立水坝的调节机制

水坝可在水量剧增时蓄水，也可在水量骤减时放水。对于企业来讲，"水坝"可以调节市场的供需平衡。通俗地讲，当市场行情好的时候，公司经营景气的时候，企业就要适当地储存资金、更新设备、引进优秀人才，同时增加对技术的研发投入，增强企业的整体竞争力，保留一定的后备力量。换言之，在经营核心要素上要保留宽裕的"水"作为储备。

2. 建立水坝的转换机制

修建水坝不仅可以蓄水，还可将水力转换为电力。企业面对各种各样的外部资源，建立相应的转换机制是有效利用资源的重要途径。

3. 建立水坝的缓冲机制

经济有涨有落，市场瞬息万变，任何一个企业，经营过程绝不可能一帆风顺。因而，水坝的建立在一定程度上缓冲了恶劣环境带来的冲击。与之相契合的是，企业可以建立"心理水坝"，从企业创始人、高层管理人员到基层员工，每个人都应存有忧患意识，要对环境变化有足够的心理准备，以不变应万变，遇到问题时才能迎刃而解。

应用案例

华为公司采用水坝式经营法，强调在设备、资金、人员、库存、技术、企划及新产品的开发等方面都要有足够的储备和灵活性，以便在面对市场波动或突发事件时能够迅速调整策略，保持企业的稳定运行和持续发展。

华为公司在面对市场需求变化时，采取了一系列策略调整措施。通过深入市场调研、精准把握市场需求来了解当前市场的最新动态、消费者需求、竞争对手情况以及行业发展趋势等信息。华为根据市场调研结果，制订了针对性的年度经营计划以满足市场需求，包括产品开发、市场扩张、合作伙伴关系建立等方面，旨在提升企业竞争力、聚焦核心业务、拓展新兴领域。华为坚持以通信设备为核心业务，同时不断拓展智能终端、云服务等领域。通过聚焦核心业务，华为能够保持在通信领域的领先地位，而新兴领域的拓展则有助于公司抓住新的市场机会。

华为在实施水坝式经营时，面临多方面的挑战。第一，在管理层面，华为科学管理转变的过程中，遇到了外界的质疑和内部的阻力。任正非通过引进高端管理咨询，逐步推动公司管理体系的变革，克服了这一挑战。第二，在组织发展方面，华为实行"让听得见炮声的人决策"的策略，赋予前线员工更多的决策权，以快速响应市场变化。第三，华为积极应对技术创新和人才培养方面的挑战。为了吸引和留住顶尖人才，华为推出"天才少年计划"，为人才提供了优厚的待遇和广阔的发展平台。

◎ 经验启示

水坝式管理存在局限性，这也为管理者提升管理水平和能力带来新的思考。

（1）缺乏灵活性和快速反应能力。水坝式管理通常较为僵化，决策过程相对缓慢，难以适应快速变化和不断演变的市场环境，这可能导致错失机会。应注重保持组织的灵活和敏捷，鼓励迅速的决策制定和快速的反应

四精管理工法

能力。

（2）员工参与度不足。水坝式管理中，决策和控制权力通常集中在管理者手中，而员工在决策过程中的参与度较低。这可能导致员工缺乏动力和创造力，无法发挥其潜力。应鼓励员工参与决策过程，提供机会让他们发表意见和建议，以促进员工的主动性和创新能力。

（3）信息流动不畅。在水坝式管理中，信息的流动通常是单向的，即从上层向下层传递。这导致员工对组织的决策和目标了解有限，难以理解其意义和背后的考虑。应建立开放的沟通渠道，鼓励双向的信息流动，使得员工能够理解组织的决策背景和目标，从而更好地投入工作并提供有价值的意见和反馈。

管理金句

灵活性是成功的关键。

——查尔斯·达尔文

第六节　聚变管理：实现业务能量几何级增长

◎ 概念阐述

聚变管理是结合了现代信息技术与传统精细化管理理论而衍生出的新型企业管理理论，其核心是聚合企业与市场资源能量，通过系统资源统筹和交互运作，从而达成可观的投入产出比，实现聚变增值和乘数放大效应。聚变管理理论可向下延伸到企业经营子系统，带动各经营环节聚合增值。

◎ 形成背景

20世纪90年代，随着全球经济一体化、信息技术和互联网技术的迅速发展，以跨国企业为代表的产业活动在全球范围内加速流动，企业发展趋势呈现以下几种典型特点：组织的结构从金字塔式、科层组织到扁平化、网络化组织；企业的生产组织方式从集中化、规模化、标准化转向平台化下的分布式、微化、创客化组织方式；组织边界被打破，组织的破界与跨界成为一种组织变革时尚；组织的合作与协同从部门化到团队化，从中央协同到平行分布协同；组织的驱动机制从来自上级威权指令式驱动转向愿景与数据驱动；组织的管控监督机制从刚性管控走向柔性引导。

这些变化推动着企业发展到一定阶段，在规模、技术、生产、装备、

四精管理工法

资金、品牌、管理、赢利能力和企业文化等核心竞争力的各要素具备以后，必须根据自己所面临的竞争形势、市场变化，为追逐一定的发展目标，通过资产重组、制度创新、文化导入、管理克隆等手段，最终形成以母公司原有品牌为核心的集团性公司。由此，聚变管理理念应运而生。

实操方法

聚变管理理论体系不但可以作为企业经营管理的战略管理方法，也可以作为生产管理、营销管理、技术管理、财务管理、人力资源管理、品质管理等日常管理工作的方法用于管理实践之中。

1.实现内外部资源要素的聚合、激发

通过构建市场化机制，对内加强多兵种联合作战，对外打造上市公司群联合舰队，充分聚合、激发内外部各种资源要素的活力，使之为企业和行业发展服务。

2.将释放的能量约束聚合到正确的方向

将经营管理实践总结形成的一系列管理模型，作为聚变能量的"约束器"和"助推器"，将激发出的组织力量聚合到提升经营管理质量这一个方向上，围绕专业化、标准化、智慧化、人本化建设，系统提升企业经营管理质量，实现企业价值最大化。

应用案例

北京燕京啤酒集团公司自1997年起，以聚变式发展战略为主导，通过资金、技术、管理及品牌优势与地方的土地、市场、设备及人力资源的有机结合，实现了优势互补，并通过品牌拓展、新厂建设、并购整合及强强联合等多种途径，迅速发展成具备抵御国际市场风险能力的大规模民族企业集团。

1985年，燕京集团邀请轻工部食品发酵研究所的顶尖专家及教授参与科研攻关，从而在啤酒行业的技术领域取得了先机。随后，燕京集团致力于提升企业技术实力，专门成立了技术六处，负责生产工艺的整合工作，从酵母菌种的引进到生产流程的制定与控制，全面纳入总公司的统一体系。通过实施一系列科技进步措施，为企业的聚变式发展奠定了坚实的物质基础。

1995年年底，燕京集团成功兼并华斯啤酒集团，扩大了企业规模与市场覆盖，但资产负债率的上升也给企业经营带来了一定压力，最高时达到了67.8%。为应对这一挑战，燕京集团决定走资本社会化的道路。1997年5月，燕京集团参与北京控股的香港红筹股上市，6月在深圳发行A股，截至2000年6月20日，共筹集资金23.6亿元。这两条融资渠道为企业带来了前所未有的资金优势，为企业的聚变式发展创造了有利条件。

在市场开发方面，燕京集团加大力度，构建销售网络，每年投入近1亿元资金用于市场开发。通过调整产品结构以满足市场需求，对聚变后的企业产品结构进行优化，淘汰竞争力不足的产品品种，推出符合消费者口味的新产品。同时，细化市场细分，加强营销系统管理，实行销售人员"末位淘汰"的市场机制，使销售团队更加精干高效，为企业的聚变式发

四精管理工法

展拓展了产品需求空间。

燕京集团还很注重加强管理规范，制定了近 50 万字的《管理制度》，对生产管理、质量管理、财务管理、物资管理、设备管理、节能管理、计量管理等方面进行了详尽规定，为企业的聚变式发展创造了统一的制度体系。

此外，燕京集团高度重视企业文化建设，秉承"以情做人，以诚做事，以信经商"的经营理念，加强了与消费者、经销商、企业员工及供应商之间的联系，为企业的聚变式发展营造了良好的文化氛围。

经验启示

聚变管理模式的核心创新点，是通过自身实践，解决以下企业管理中的两大问题。

（1）组织活力问题。资源的简单叠加无法实现能量放大，尤其对于大型混合所有制国有企业而言，更需要通过合理的管理机制和原则设计，有效实现组织融合，充分激发组织中各单元、各要素的活力，使其释放巨大的聚合能量。

（2）组织效率问题。聚变能量的释放需要通过一系列管理流程和工具模型加以约束和引导，让组织方向一致，实现"力出一孔、利出一孔"，保障各单元、各要素沿着同一个方向产出。

第二篇

精耕细作抓生产

第一章　优化流程

第一节　PDCA 循环：循序渐进地提高质量

◎ **概念阐述**

PDCA 循环也称作质量环、戴明环，是企业进行全面质量管理的基本方法，包含计划（Plan）、执行（Do）、检查（Check）和处理（Action）四个阶段，旨在通过循环的计划、执行、检查和调整过程来持续改进组织的绩效和效率。PDCA 循环按照 P-D-C-A 的顺序循环不止地进行下去，周而复始，从而实现质量管理持续改进、企业管理水平不断提升。

◎ **形成背景**

20 世纪初，全球工业化进程加速，企业需要不断提高产品和服务的质量，降低成本，提升效率，质量管理先驱沃特·阿曼德·休哈特将统计方法引入质量控制，首先提出"计划—执行—检查（Plan-Do-Check）"的理念，强调对过程的控制和监督，以确保产品质量达到预定目标。第二次世界大战后，美国质量管理专家爱德华兹·戴明将沃特·阿曼德·休哈特的理论引入日本，对该理念进行了进一步延伸，形成"计划—执行—检查—处理（Plan-Do-Check-Act）"的 PDCA 循环，并得到了广泛的应用。

实操方法

PDCA 循环可分为以下步骤（图 2-1）。

1. 计划

（1）收集资料：确认需要改进的主要问题与次要问题，收集和组织数据，设定目标和测量方法。

（2）分析影响因素：寻找可能影响质量问题的因素并逐一进行验证。

（3）目标确认：比较并选择主要、直接的影响因素。

（4）计划实施：针对主要因素、直接因素制定措施，提出行动计划和相应资源。

2. 执行

执行目标：按照既定的计划执行措施，收集数据。

3. 检查

检查结果：把执行结果与要求达到的目标进行对比，评估结果，分析数据。

4. 处理

（1）实现激励：制定实现激励机制与相应标准。

（2）修订目标：总结成功经验，把未解决或新出现的问题转入下一个 PDCA 循环中去解决。

四精管理工法

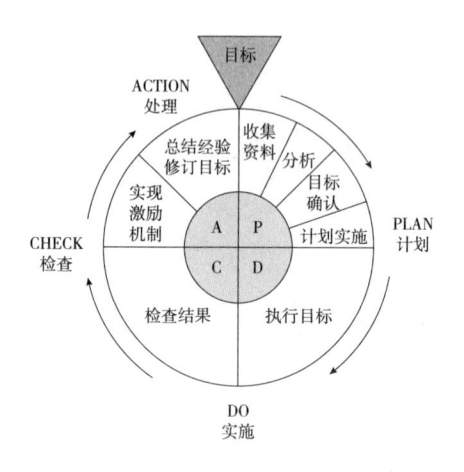

图 2-1　PDCA 循环示意图

应用案例

在丰田公司，PDCA 循环被深入应用于经营管理中，形成了一套独特的管理实践（图 2-2）。在计划阶段，丰田公司通过市场分析、竞争对手研究和企业资源评估制定经营计划，确保产品开发计划基于市场需求调研，符合消费者需求；在执行阶段，按照计划执行，采取措施确保计划顺利实施，重视员工培训和管理，提升技能水平，高效执行任务，采用精益生产方式，优化流程，减少浪费，提高生产效率和产品质量；在检查阶段，对执行结果进行检查和评估，采用严格的质量控制体系，通过产品检测和质量评估确保产品质量达标，收集市场数据和顾客反馈，定期进行市场调研和顾客满意度调查；在处理阶段，根据检查结果进行改进和调整，提倡全员参与的改进文化，遵循持续改进原则，优化流程和方法，提高工作效率和产品质量，与供应商合作改进供应链管理，提高供应商配套能力。

通过 PDCA 循环的应用，丰田公司能够不断适应市场需求和变化，实现持续发展和取得优秀的经营表现，这种循环不仅帮助丰田在产品开发和生产过程中保持高效和质量，还促进了企业文化建设，鼓励员工积极参与改进，形成了一种持续改进和追求卓越的企业精神。

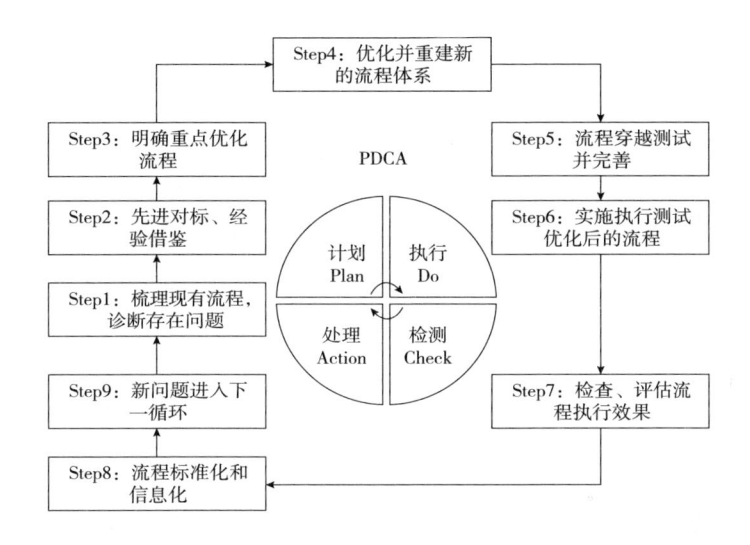

图 2-2　PDCA 循环优化思路

经验启示

（1）重视计划与执行：PDCA 循环强调了精确规划和执行的重要性，这对于提升产品质量、优化服务流程和提高工作效率至关重要。

（2）资源利用与团队协作：通过 PDCA 循环，企业能更有效地利用资源，增强团队协作，以适应市场变化和满足客户需求。

（3）风险管理与法规遵从：PDCA 循环有助于风险管理，确保企业遵守法规标准，并培养员工的质量意识。

四精管理工法

（4）管理提升与市场竞争力：积极实施PDCA循环有助于企业提升管理水平和增强市场竞争力，实现可持续发展，并促进学习和创新。

（5）内部优化与客户双赢：PDCA循环有助于企业内部优化，促使企业提供更好的产品和服务，实现企业与客户的双赢局面。

管理金句

持续改进是成功的关键。

——爱德华兹·戴明

第二节　JIT 方法：及时制造，减少库存

◎ 概念阐述

JIT（Just In Time）方法，即准时制生产方式，是一种高效的生产和库存管理策略，其核心目标是实现零库存或使库存最小化。JIT 系统通过精确的计划和控制，确保生产所需的零部件在正确的时间、以正确的数量送达生产线，从而避免不必要的库存积压和物流停滞（图 2-3）。

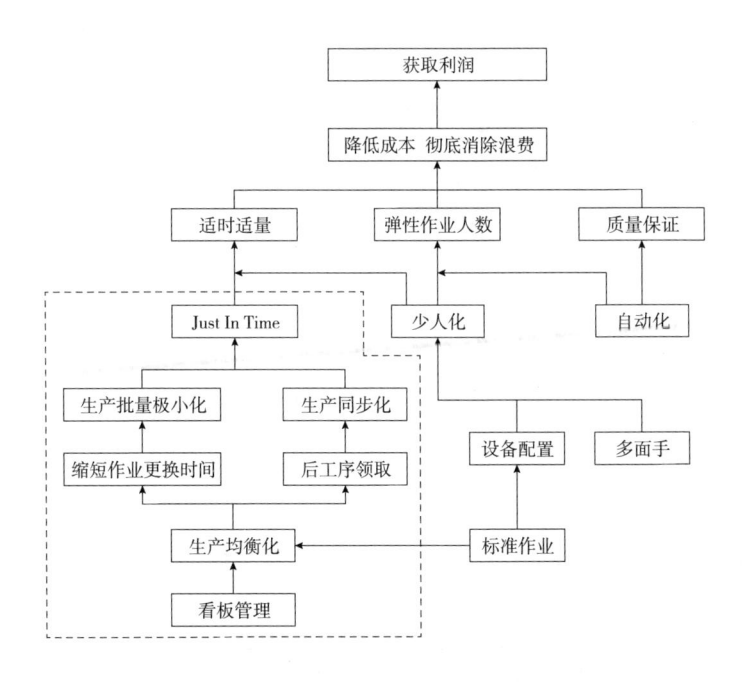

图 2-3　JIT 生产流程

四精管理工法

形成背景

20世纪60年代,丰田汽车公司副社长大野耐一为了消除库存、优化生产物流、减少资源浪费,提出了JIT方法,旨在采取多品种、小批量、短周期的生产方式,帮助企业在竞争激烈的市场中获得优势。

实操方法

JIT方法的实质是保持物质流和信息流在生产中的同步,以减少浪费、缩短工时、降低成本、提高生产效率,具体实施过程包括以下几个方面。

1. 需求预测

基于市场需求预测产品的需求量,以减少库存和避免生产过剩,并作为企业计划和控制决策的依据。

2. 供应链管理

与供应商建立紧密的合作关系,确保供应链稳定高效运行,包括共享需求信息、建立快速响应机制以及联合产品开发,有效的供应链管理有助于缩短现金周转时间、降低风险、实现盈利增长及提供可预测收入。

3. 生产计划

根据需求预测制订生产计划,涵盖生产量、生产时间和所需原材料等方面,主要作用是将市场需求与企业生产相结合,充分利用生产能力和其他资源，均衡协调组织生产活动，为全面完成企业经营目标和提高经济效益提供可靠保证。

4. 灵活生产

建立灵活的生产线，快速调整生产计划以适应需求变化。与传统大规模批量化生产方式不同，JIT方法更注重个性化和定制化生产。

5. 持续改进

通过持续改进生产过程，提升生产效率和质量，减少浪费，使生产处于螺旋上升状态。

6. 员工培训

通过培训，让员工理解JIT生产方式，包括团队协作、问题解决和持续改进等技能，从而促进生产效率的提升和生产目标的实现。

7. 质量管理

实施严格的质量管理措施，如质量检查、质量控制和质量改进，以提高产品质量、效率、品牌形象和客户满意度。

8. 技术支持

运用先进的信息技术，如生产执行系统、供应链管理系统等，为企业在生产运作中提供建议、协助部署和维护，支持JIT生产方式的实施。

9. 客户关系管理

与客户建立紧密的合作关系，了解客户需求并提供及时的产品和服务，从而为企业带来利润。

10. 性能评估

定期评估JIT生产方式的性能，包括生产效率、产品质量和客户满意度等指标，帮助企业自主改进并发展符合自身产品特点的生产方式。

◎ 应用案例

1999年，海尔集团开始运用JIT方法对物流进行改革，其核心就是以订单信息流为中心对仓库进行革命，通过同步模式以高效物流运作实现"与用户零距离"的战略目标。

海尔物流改革的第一步是实施采购JIT，将集团的采购活动集中化，在全球范围内采购质优价廉的零部件。2001年，海尔通过整合采购、全球集合竞价等方式，将供应商数目从2000家减少到900家，采购人员优化1/3，成本每年环比降低6%以上。紧接着，海尔又实施了成品分拨物流JIT，通过整合全球配送网络，与300多家运输公司建立了紧密的合作关系，可调配的车辆达1.6万辆，做到了中心城市配送6~8小时到位，区域配送24小时到位，全国主干线平均配送时长为4天，形成了当时全国最大的分拨物流体系之一。此外，海尔通过实施原材料配送JIT，建立了现代化的立体仓库及自动化物流中心，平均库存周转时间从30天减至12天，对订单的响应速度从原来的36天减至10天以内，并将仓库占地缩减到2.6万平方米，以原仓储面积1/10的空间承担起原仓储的全部功能。

○ 经验启示

（1）供应链管理能力必须确保高质量原材料和零部件的及时供应，这对于维护生产进度和产品质量至关重要。

（2）生产计划能够随着需求波动迅速调整，生产过程必须具备高度的灵活性和快速响应市场需求变化的能力。

管理金句

> 最危险的浪费是我们没有意识到的浪费。
>
> ——新乡重夫

> 四精管理工法

第三节　约束理论：聚焦瓶颈问题，实现系统提升

◯ **概念阐述**

约束理论又称瓶颈理论，是一套在生产管理活动中改进和实施改善方法的管理理论。该理论认为每个系统都存在一个对系统产出影响最大的环节，即系统的瓶颈。约束理论可以帮助企业识别出系统中制约流程的瓶颈，并进一步指出如何实施必要的改进以消除这些瓶颈因素，从而提升系统流程的整体能力，促进企业的持续健康发展。

◯ **形成背景**

20世纪80年代，全球制造业和服务业都面临着激烈的竞争压力，企业需要寻找新的方法来提高效率和竞争力以应对这种压力。在这种背景下，以色列物理学家、企业管理顾问艾利·戈德拉特在他的最优生产技术理论的基础上，提出了约束理论。

◯ **实操方法**

约束理论包含以下四大核心步骤，并形成一个闭环。

1. 识别约束

找出限制系统性能的生产原料、生产能力、市场需求等关键瓶颈。

2. 利用约束

确定如何最大限度开发、利用约束，使瓶颈工序产出量最大化、整体产出最大化。

3. 遵从约束

调整系统的其他部分，以支持约束的最大化利用，保证系统其他部分与约束部分同步进行，进而充分利用约束部分的生产能力。

4. 寻找新的约束

生产系统中永远存在着速度最慢的瓶颈工序，所以需要返回第一步，寻找新的约束，并持续改善。

应用案例

在航空业，竞争同质化现象严重，作为美国三大航空公司之一的达美航空决定通过提供高品质、多样化的机上餐饮服务来提高客户满意度。2015年，他们与餐饮公司佳美合作，采用约束理论管理餐饮服务，从标准化全餐服务模式转向定制化服务。新模式要求根据飞行距离和市场提供服务，并且能够适应因操作或维护问题导致的飞机更换，这给餐饮服务带来了重大挑战。

四精管理工法

佳美公司识别出面临的主要约束来自装卸货平台空间不足，这是由于大量餐食在制品过程中的众多不确定因素而导致的。这些不确定性源于餐饮公司要满足31种不同飞机厨房配置所需的多样性餐饮设备。在高峰时段内，处理135个返航航班的餐饮设备增加了工作量和复杂性，卡车数量有限迫使公司在一辆车上运送多个航班的餐车，而登机口与候机楼之间的运输时间和装卸时间导致餐车无法按时到达准备区域，造成延迟。

为解决这些问题，佳美公司调整了调度方法，利用现有资源最大化产出。他们评估如何及时卸货以减少现场操作时间，减少每批次餐车数量并在处理区域按类型排队，从而提高入站和出站运输的效率。通过与达美航空操作系统对接，增强了航班变化和卡车配送情况的可见性，对设备使用情况有了更清晰的了解。佳美公司计算出最佳运输方案：释放准备信号后，餐车开始准备；厨房完成时间设定在最后期限前一个小时；准备工作结束是在出货前30分钟，完成所有安全检查；任何出发时间的偏差都被视为延迟，所有操作都服从于约束条件，确保了餐车准备的正确顺序和航班的准时起飞。上述举措让佳美公司减少了50%以上的在制品，吞吐量增加了25%，帮助达美航空节省了100万美元，并创造了813次航班服务的单日纪录，此外，还有效降低了航班延误率，使亚特兰大机场成为美国航班准点率最高的机场。通过运用约束理论，达美航空和佳美公司实现了双赢。

经验启示

（1）必须认识到系统的整体性能受到其最弱环节的限制，优化最弱环节可以显著提高整个系统的性能。

（2）改进应该是持续的，在改进了一个约束后，应该寻找下一个约束继续改进。

（3）系统的各个部分应该协同工作，如果一个部分的性能超过了系统的整体性能，那么这个部分的超额性能就是浪费的。

管理金句

瓶颈决定了系统的产出。

——艾利·高德拉特

第四节 价值流程图：一目了然改善问题

概念阐述

价值流程图是一种可视化工具，它根据产品的生产过程，将企业整个供应链流程的物料和信息的流动呈现在一张图上，记录从客户发出订单到发运交货的每个步骤。价值流程图能够帮助我们从全局视角发现制约系统效率和过程周期时间的主要因素和问题，以促进问题的解决和系统的持续改进。价值流程图包括"当前价值流程图"和"未来价值流程图"两张图。当前价值流程图反映流程的现状，包含产品从原始输入到最终输出的全部流程。未来价值流程图是一种理想状态下的价值流程图，指在资源无限的假设下，满足客户要求而绘制出的一套流程图。通过未来状态图与当前状态图的对比，让企业有明确的改善方向和着力点。

形成背景

价值流程图的概念是由丰田汽车公司副社长大野耐一提出的，用来改进生产效率和质量，后来成为精益生产的重要工具之一。

实操方法

企业在进行价值流程图分析时，首先要挑选出典型的产品作为深入调查分析的对象，从而绘制出信息流程和实物流程的当前价值流程图，然后将当前价值流程图与未来价值流程图相比较，发现当前组织生产过程中存在的问题点，进而针对问题点提出改进措施。

1. 工厂评估

对整个工厂的产品、业务需求及工作表现等情况做初步了解。所有数据均应去现场测量、搜集，才能反映流程中真实存在的问题。

2. 项目准备

根据产品的业务需求量来制作产品族矩阵，从而找到需求量大且有代表性的产品来作为价值流程图项目的研究产品族或产品，最大限度地发挥价值流程图的作用，帮助企业改善最迫切的浪费环节。

3. 项目执行

以"门到门"的方式描绘现有价值流程图，按照主次收集统计供应链、客户链、信息链和制造链四个层次的数据，用爆炸图分析出流程中不具备价值的步骤和浪费点，同时绘制出未来状态的价值流程图，并明确未来的价值流程图的理想产品在从客户到供应商的过程中，材料和信息流通的路径和过程，列出关键的目标状态，以未来的价值流程图为蓝图，制订行动计划，并进行改善。

四精管理工法

应用案例

友达光电成立于1996年，是一家集研发、设计、制造、生产于一体的液晶显示面板公司。公众显示器作为友达光电重要的生产线，已经在交通、零售、娱乐等领域形成了成熟的产业链。2020年8月，友达光电生产部接到通知，有一批产品需要进行为时三个月的生产且不能影响原有产品正常生产，一个艰巨的任务落在了友达光电生产部主管的身上。

生产部主管带领员工经过两周的推演和模拟，最终敲定方案：决定引进自动化程度更高的新设备。然而，经过一段时间测试，生产问题频频出现。有着多年精益生产管理经验的主管决定对公众显示器生产线的价值流进行跟踪，对产线进行剖析。随即，他将产线所有相关部门联合起来，围绕所需要的数据进行收集，绘制了公众显示器生产线价值流程图（图2-4）。

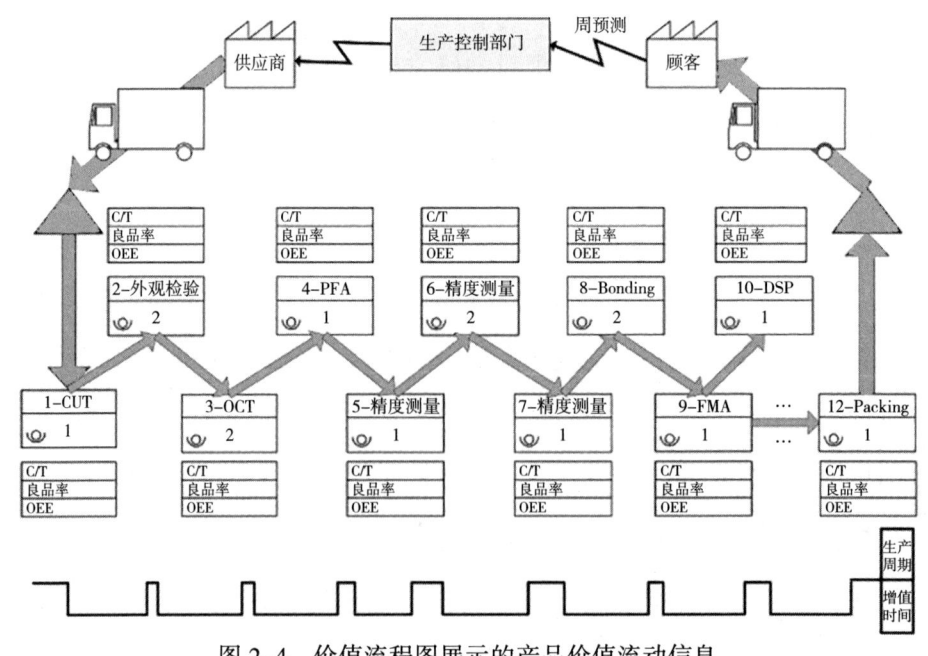

图 2-4　价值流程图展示的产品价值流动信息

该价值流程图展示了主要产品的价值流动信息，包含送货商、供应商、客户间的订单与物流，主要工序及其他各工序间的搬运与工序节拍等。通过价值流程图以及在此基础上对公众显示器产线各工序的作业测定，生产部成员可以清楚地发现公众显示器生产线存在诸多问题，比如工序节拍不均衡、产品一次通过率低、生产线存在较大的浪费、各工序操作人员工作量不均匀……面对这些问题，生产部联合公司各部门召开了一次紧急会议，经过分析和协商，大家达成一致：提质提效是企业生产的趋势，趁着这次订单，推行准时化的生产方式，让公司的产能再上一层楼。接下来，他们进行了工艺流程优化，将耗时较短的工序进行合并，针对瓶颈站点制定并实施了切实可行的改善方案。

通过价值流程图分析，友达光电生产部在三个月内顺利完成了产品交付，同时原产线有序、高效运转，生产效能显著提升。

经验启示

（1）企业既需要改善整体价值流，又需要改善工序流，两者相辅相成，缺一不可。

（2）价值流的改善重点在于全面的产品流和信息流，而工序流则需重点改善人员效率和工作流程。

第五节　作业基础管理：重视增值获利的流程

概念阐述

作业基础管理是指利用企业作业成本信息，帮助企业管理层找出不增值且消耗资源的流程和作业。作业基础管理的基本原理在于，视企业的工作流程为一系列作业的集合，根据市场需求，以客户订单为起点，采取倒置法从后向前确定相关作业，核定作业消耗量、作业成本，揭示资源动因和作业动因，并进行成本动因管理和作业管理，以消除不增值作业，从而提高增值作业效率，最终提升公司运营效率（图 2-5）。

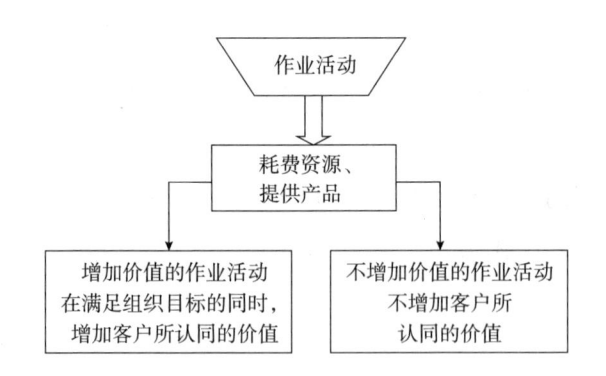

图 2-5　作业活动的价值

形成背景

作业成本法于1988年被提出，1991年被正式引进到管理会计的领域，该方法最初只是针对制造环节，但在整个价值链的体系里，其他产生间接成本的部门，比如研发采购、市场营销、人力资源、财务，这些部门的成本同样也需要分摊到产品里，作业基础管理应运而生，它将作业成本法的概念扩展到了全面成本管理，能够更加准确地分配间接成本，真实反映产品或服务的实际成本。

实操方法

作业基础管理把企业的作业链视为价值链、顾客链、责任链，通过作业性质评价，将责任制贯穿于生产经营全过程并不断循环。其步骤如下。

1. 确定关键活动

确定运营过程中的关键活动，包括生产、销售、分发等。在定义关键活动时，要重点关注直接有助于为客户提供价值以及确保商业模式成功的活动。

2. 分配成本

按照一定标准将总成本分配给关键活动，所选择的分配标准必须与被分配的费用的发生有密切关系，否则会影响成本计算的准确性。

3. 分析活动成本

分析活动被分配的成本，以确定哪些活动可以获得收益，哪些可能需要改进，一般从活动成本的事前、事中和事后三个方面进行分析。

4. 制定策略

利用分析信息制定策略，以提高生产效率和盈利能力（图2-6）。

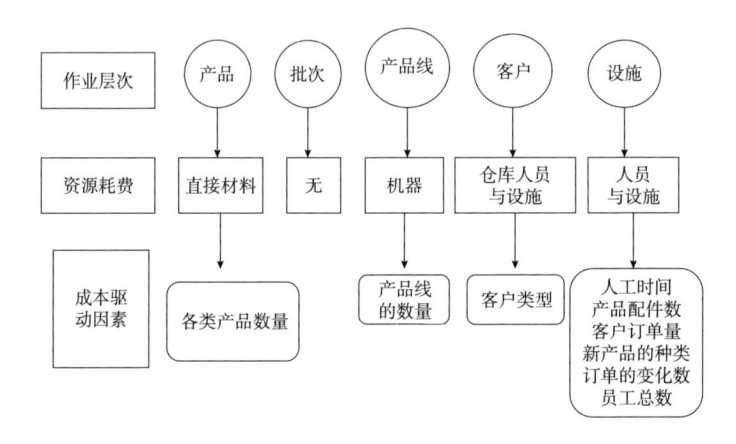

图 2-6　作业成本法的实施路径

应用案例

伊博得洛拉公司是1991年由西班牙最大的两家私有电力企业合并后成立的。因为政府对电力价格的管制很严格，对经营其他附属行业也有限制，所以，私有电力企业的经营环境比较艰难。在这种竞争环境中，伊博得洛拉公司的管理班子意识到要通过其战略优势实现股东价值最大化，有必要进行彻底的变革，原因有以下两点：一是成熟的市场是对成本和最终价格的最严格的监督者；二是公司的两个组成部分在经营风格、所提供的服务和成本管理等方面有很大的不同。

为迎接这些挑战，伊博得洛拉公司设计了一个三维战略，即提高内部效率、重新设计商业活动、增加利润。但实行这些变革的一个主要障碍是现存的信息和会计体系，这种体系太僵化，以至于无法提供准确及时的数据，特别是有关成本的，无法得到详细连贯的信息。为此，伊博得洛拉公司引入作业基础管理法，它提供了一个综合考虑成本、活动、资源和目标的基础。通过作业基础管理法，管理人员的认识更清晰，每个经理能清楚地看到投入产出间的联系以及他们的活动对其他部门的影响，促进他们尽可能地按最大效用原则行事。事实上，伊博得洛拉整个变革的基础，就是这些信息让员工从根本上重新为个人定位，并对他们所从事的行业和经营环境有一个更深刻的认识。经过一系列优化变革，伊博得洛拉公司一跃成为西班牙第二大电力公司。

○ 经验启示

（1）运用作业基础管理法必须站在整体的、战略的角度对组织的价值链进行分析，深入到企业每个作业层次上。

（2）实施作业基础管理法是一项需要时间和资源的投资，企业必须认真权衡这种方法是否适合自身特定的业务需求。

（3）为了确保作业基础管理法的成功，企业必须获得包括高层在内的全员支持，这是实施过程中不可或缺的一环。

第二章　优化生产

第一节　5S 管理：精益生产的根基

◉ 概念阐述

5S 管理是一种高效优化生产现场的策略，包括整理（Seiri）、整顿（Seiton）、清扫（Seiso）、清洁（Seiketsu）及素养（Shitsuke）五大要素。实施 5S 管理体系，不仅能够唤醒企业的内在管理潜力，还能通过标准化工作环境与物品摆放，创造出直观有序的工作场景，培育员工的优良作业习惯，进而助力企业塑造卓越形象、减少成本消耗、确保准时交付、强化安全生产、规范作业现场，并营造愉悦高效的工作氛围。

◉ 形成背景

5S 管理起源于日本，其历史可追溯至 1955 年，最初以"安全始于整理，归于整理整顿"的口号形式出现，仅实践了前两项"S"原则，旨在确保作业区域的安全与畅通。随着生产效率与品质控制需求的提升，后续引入了清扫、清洁和素养这三项原则，形成了完整的 5S 体系，应用领域也随之拓宽。1986 年，伴随相关著作的出版，5S 理念对传统现场管理模式产生了深远影响,掀起了一场变革浪潮,标志着 5S 管理体系逐步走向成熟和完善。

实操方法

在企业实施 5S 管理体系的过程中,应聚焦以下关键环节。

1. 整理

区分工作现场的必需品与非必需品,淘汰无用之物,释放宝贵的空间。

2. 整顿

将保留下来的物品按既定位置和规则有序摆放,并清晰标识。此过程遵循易取、易放及先进先出原则,确保寻找物品零浪费。

3. 清扫

全面清除工作环境中的污垢,并采取措施防止污染再现,目标是使工作空间保持整洁、清爽,同时巩固整理与整顿的成效,让环境免受污染。

4. 清洁

使整理、整顿、清扫的实践制度化,使之成为规范化的操作标准,目的是培养持续有效的清洁习惯,确保前三步的成果得以长期保持。

四精管理工法

5. 素养

塑造员工自觉遵守规定的行为模式，让他们主动保持"整理、整顿、清扫、清洁"的高标准，最终目的是提升个人素质，培养对任何任务都一丝不苟的态度。这是5S管理的精髓所在，也是实现组织高效运作的最高追求。

应用案例

丰田汽车作为全球精益生产方式的典范，其在5S管理方面的实践是众多企业学习的标杆。以下是丰田汽车在实施5S管理中的一些经典案例要点。

第一，环境优化与效率提升。丰田工厂通过严格执行5S中的"整理"与"整顿"，确保生产现场无多余物品，工具与物料摆放有序，大大减少了操作员的搜寻时间，提高了生产线的流动效率。例如，工具按照使用频率和逻辑布局，员工可以迅速取用，立即归位，确保每个环节的无缝衔接。

第二，质量控制。"清扫"不仅是日常清洁，更是对设备进行点检维护的过程。丰田鼓励员工在清扫过程中识别潜在问题，如微小的异物、设备的微小磨损等，通过即时处理这些隐患，防止了质量问题的发生，确保了产品的高品质。

第三，标准化与持续改进。在"清洁"阶段，丰田将好的做法标准化，形成制度，确保5S的效果得以持续。通过可视化管理工具，如看板系统，让标准清晰可见，易于遵循。同时，不断追求"素养"，通过培训和激励机制，让每位员工都能主动参与改进，形成持续改进的文化。

第四，安全与卫生管理。5S中的安全管理不容忽视，丰田通过"清扫"与"清洁"确保工作环境的卫生与安全，减少了工作伤害。例如，通过定期的大扫除和检查，消除安全隐患，提高工作场所的安全性。

第五，文化渗透。丰田不仅在工厂层面实施5S，更将其作为一种思维方式，渗透到企业每一个角落，包括办公室、研发中心乃至经销商服务网点。例如，丰田的某些销售服务中心通过5S管理，优化了客户接待流程，提升了服务质量，增强了顾客满意度。

◎ 经验启示

（1）领导力的重要性。成功的5S管理实施往往需要高层管理者的坚定支持和积极参与。领导层应成为榜样，展现出对5S管理的承诺，这样才能有效推动整个组织的文化变革。

（2）全员参与。5S管理不是单靠管理部门就能完成的任务，它需要全体员工的理解、接受和参与。通过培训和激励机制，让每个员工都能意识到5S管理的价值，并主动参与到改善活动中来。

（3）循序渐进、持续改进。5S管理是一个持续的过程，而非一次性项目。企业应分阶段实施，设定明确的目标，并定期评估进度，不断调整策略，确保持续改进。

（4）文化和习惯的培养。5S管理的核心在于改变员工的行为习惯，形成良好的工作文化。通过持续教育、正面激励和行为规范，逐步将5S管理原则内化为员工的自觉行动。

四精管理工法

第二节 清单管理：加强动态式过程管控

概念阐述

清单管理是一种高效的管理方法，它通过列出详尽的任务条目、要求或项目细节，以确保工作的系统性、完整性和准确性。这种方法的核心是将复杂的管理任务分解为可操作的单元，每个单元都有明确的目标、责任分配和完成标准。清单可以包括目标清单、执行清单、责任清单等，帮助组织或个人规划、跟踪和评估工作进程，确保每一步都按照既定计划执行。在政府管理、企业运营、项目管理、医疗服务等多个领域，清单管理都被视为提高工作效率、减少错误、增强透明度和责任追溯能力的有效工具。

形成背景

清单管理是随着时间的推移和实践的发展逐渐形成的管理理念，它在现代管理理论中的普及和推广，与美国外科医生阿图·葛文德有着密切关系。他在其著作《清单革命》中大力倡导清单在医疗及其他领域的应用，强调清单作为一种简单却强大的工具，能够帮助专业人士应对复杂任务，减少错误，提高效率。

实操方法

运用清单管理的方法步骤如下。

1. 明确目标与范围

（1）定义项目或任务：明确清单所服务的项目或日常管理任务的总体目标，以及需要达成的具体成果。

（2）确定清单内容：基于项目特性，识别所有必要的活动、任务、里程碑和预期交付物，确保清单全面覆盖。

2. 设计清单结构

（1）清单划分：将项目或任务分解成可管理的部分，可以按照时间顺序、工作阶段或责任部门来划分清单。

（2）细化清单条目：对每个部分进一步细分，明确每项任务的具体内容、责任人、预期开始与结束时间、所需资源等。

3. 设置优先级与排序

（1）优先级判断：使用如"紧急重要矩阵"等工具，确定每项任务的优先级，区分哪些是最紧迫或对目标影响最大的。

（2）逻辑排序：根据任务间的依赖关系、截止日期和资源可用性，对任务进行逻辑排序，确保顺畅执行。

4. 制定清单模板

（1）选择清单类型：根据任务特点选择合适的清单形式，如日常待办事项清单、项目管理甘特图、检查清单等。

（2）清单格式设计：保持清单版面简洁，避免冗余信息，确保关键信息一目了然，便于快速查阅和执行。

5. 执行与监控

（1）分配责任：将清单上的任务分配给团队成员，确保每个人都清楚自己的职责和任务。

（2）执行监控：定期检查清单执行情况，利用会议、报告或在线工具实时跟踪进度，及时调整计划。

6. 反馈与优化

（1）定期回顾：项目或阶段结束后，组织回顾会议，分析清单执行效果，收集反馈。

（2）持续改进：根据反馈调整清单内容、流程或管理方式，剔除无效步骤，增加遗漏项，持续优化清单的实用性和效率。

7. 文化建设与培训

（1）培养清单文化：在组织内部推广清单思维，鼓励员工养成制定和使用清单的习惯。

（2）培训与指导：对团队成员进行清单管理方法的培训，确保大家理解并掌握清单制定与执行的技巧。

◉ 应用案例

星巴克的开店检查清单覆盖了环境清洁（如地面、桌面、吧台）、设备准备（如咖啡机预热、磨豆机清洁）、物料检查（如确保原料充足、新鲜）和安全确认（如紧急出口畅通无阻）。打烊清单则侧重于结束营业后的清理工作、库存盘点、设备关闭和安全检查。这些清单以易于理解的格式呈现，通常配合移动应用程序使用，员工可快速核对并记录完成情况。

通过清单管理，星巴克确保了全球数千家门店的服务一致性，提升了顾客体验，同时也简化了员工培训流程。

◉ 经验启示

（1）实施清单管理的核心在于深入分析问题，识别问题的关键点和根本原因，并梳理清楚各问题间的相互关联，从而构建出清晰的问题树模型。

（2）在问题树模型中，问题的根本原因被视为树根，关键问题则是树干，而具体问题则像树枝和树叶一样分布开来。

（3）基于问题树，可以有针对性地设计具体的解决方案，并以简洁明了的语言和易于理解的方式呈现出来，形成一系列管理清单。

四精管理工法

第三节 定置管理：实现人、物、场所一体化

概念阐述

定置管理指对生产现场中的人、物、场所三者之间的关系进行科学的分析研究，使之达到最佳结合状态。它以物在场所的科学定置为前提，以完整的信息系统为媒介，以实现人和物的有效结合为目的，通过对生产现场的整理、整顿，把生产中不需要的物品清除掉，把需要的物品放在规定位置上，使其随手可得，促进生产现场管理文明化、科学化，从而实现高效生产、优质生产、安全生产。

形成背景

20世纪50年代，青木龟男基于对日本企业生产现场的深入观察与实践，首次提出了定置管理的理念。这一创新思想随后经由另一位日本企业管理专家清水千里的进一步发展与完善，在实际应用的基础之上，将其系统化、理论化，最终凝练成一套科学的管理方法。1982年，随着《定置管理入门》一书的出版，这一管理方法得以广泛传播。此书问世后，众多日本公司采纳并推广定置管理，成效显著，不仅大幅提升了生产效率与现场管理水平，还改善了工作环境。随着全球化的加速发展，定置管理的概

念与技术跨越国界，被国际社会广泛认识和接纳，特别是在制造业与服务业领域内，其应用日益普及。

◎ 实操方法

为优化生产流程并提升现场管理效率，可采取以下系统化步骤实施定置管理。

1. 工艺研究与流程优化

深入分析现有加工方法、设备配置及工艺流程，为后续的工艺流程与搬运路线优化奠定坚实基础。

2. 人、物、场所关系分析与优化

人与物的结合优化：识别直接结合（高效即时使用）与间接结合（需媒介介入）状态，目标是通过改善 B 状态（物需要寻找或调整后可用）和消除 C 状态（多余物），确保所有物品均达到 A 状态（即用即得），实现高效作业。

场所与物的科学布局：明确场所与物的有效结合是提升生产效率的前提，通过定置，科学地定位物品，减少取物时间，消除重复动作，增强人与物的协同作业能力。

3. 信息流优化

强化信息媒介的作用，包括位置台账、平面布置图、场所标志及现货标识，确保人与物、物与场所的快速准确匹配，指导生产活动高效进行。

四精管理工法

4. 定置管理设计

综合规划厂区、车间、仓库的布局及各类物品的定置，设计定置图和信息媒介物，为现场管理提供科学依据。

5. 定置实施阶段

清理非生产必需物品，根据定置图具体实施物品定位，设置标准化信息名牌，确保直观易懂。

6. 持续监督与评价

建立定置管理制度，包括检查、考核标准及奖惩机制，确保定置管理的长效运行和持续改进。

应用案例

在西门子的先进制造工厂中，定置管理不仅是实现高效生产和卓越品质的关键手段，而且还是推动自动化与数字化转型的核心要素之一。特别是在电子组件的生产线上，定置管理的应用已经达到了相当高的水平。通过精细的设计，每个工作站上的工具、材料和设备都被安置在最优位置，这不仅减少了操作员不必要的动作浪费，还显著提升了操作的连贯性和效率。西门子还特别注重物流路径的优化，通过精密计算和设计物料流动路线，最大限度地缩短了物料搬运的距离。这种布局不仅减少了物料搬运的次数，还加速了生产节奏，缩短了生产周期，同时保证了产品质量的一致性。通过这种方式，西门子不仅提高了生产线的灵活性，还增强了应对市场变化的能力。

此外，西门子在其一些工厂中引入了"智能仓库"的概念，进一步推动了定置管理向智能化方向发展。这些智能仓库不仅仅局限于传统意义上的存储空间，更是集成了一系列先进技术的产物。智能仓库利用射频识别和其他先进的物联网技术，实现了库存的自动跟踪与定位。射频识别标签附着在每个物品上，可以实时记录物品的位置和状态，这使得库存管理变得更加透明和可控。借助这些技术，西门子能够实时监控库存状态，以便及时补充物料。这样既能减少库存积压，又能避免因缺料而致使生产中断。智能仓库不仅仅是一个静态的数据存储中心，它还能根据历史数据预测未来的需求趋势，提前做好物料储备等准备工作，确保供应链的稳定性和可靠性。智能仓库系统还可以与生产计划系统集成，通过数据分析来优化库存水平，减少因过度存储造成的成本浪费。例如，西门子可能使用机器学习算法来分析过去的订单模式，预测未来的物料需求，并据此调整库存策略。此外，智能仓库内的自动化设备如自动导引车、自动拣选系统等，可以实现 24 小时不间断作业，极大地提高了仓库的运作效率。这些设备能够在预定路径上自主导航，执行物料搬运任务，从而释放人力资源，使其专注于更高价值的任务。同时，智能仓库还配备了先进的安全机制，如碰撞检测系统，以保障设备和人员的安全。

通过这些综合性的改进措施，西门子不仅实现了生产流程的高度自动化和效率最大化，还为未来的智能制造打下了坚实的技术基础，展示了其在全球制造业中的领先地位和探索前沿技术的决心。智能仓库作为智能物流系统的一部分，已经成为西门子提升整体竞争力的重要战略资产。

四精管理工法

经验启示

实施定置管理要遵循"三定"原则。

（1）定位：决定合理的位置。确定物品放置在合理位置有两个原则：一是位置要固定，二是根据物品使用的频度来决定物品放置的场所。

（2）定量：决定合理的数量。确定物品放置数量的原则是，在不影响工作的前提下存放的数量越少越好。这样做的好处是不占用场地，不占用资金，并且管理简单。

（3）定标识：对物品进行合理标识。在工作现场，标识要回答两个相对应的问题，一是"物品存放在哪里"，二是"这是什么场所"，留在现场的物品必须放置在指定的地方，每一件物品均有其指定的储位，并标识清楚。现场的每一个空间都有明确的用途，应清楚地标识作业区、检查区、物品存放区、通道等。

管理金句

> 物有其所，物尽其用。
>
> ——本杰明·富兰克林

第四节　看板系统：实时掌握生产状态

◎ 概念阐述

看板系统是一种工作流管理结构，它通过可视化的方式展示工作进度和流程，通常包括使用看板和卡片来管理工作，并持续改进工作流程。

◎ 形成背景

看板系统起源于日本汽车制造商丰田的车间。丰田的工程师们在寻找减少浪费和提高生产过程效率的方法时，受到当地杂货店库存管理的启发，发明了看板系统。后来，这种概念被扩展到软件开发和其他行业，形成了现代的看板系统。

◎ 实操方法

实施看板管理的分步方法如下。

1. 明确工作流程

界定从项目启动到完成的全链条，包括需求分析、设计、开发、测试直至部署等关键阶段。

2.构建看板布局

根据定义好的流程设计看板结构，通常包含"待办事项""进行中""测试中"和"已完成"等栏位，借助电子看板工具实现灵活配置。

3.任务创建与分配

将任务以卡片形式置于看板相应列中，明确任务详情、责任人及截止时间，增强任务管理的透明度。

4.监控与调优

持续监控看板动态，定期召开回顾会议，基于数据反馈调整看板规则和工作流程，实现流程的持续优化。

应用案例

丰田汽车公司以其精益生产的理念闻名于世，而看板系统正是这一理念的核心实践之一。丰田的看板系统分为两种类型：生产看板和领取看板。生产看板用于指示零件的生产和搬运，而领取看板则指示零件的领取。每一张看板卡片上都会详细标注零件的编号、所需数量、来源地以及最终的目的地等关键信息，确保每一个生产步骤都井然有序。

当生产线上的零件即将耗尽时，工人会依据标准化程序取出对应的领取看板，将其送回给前一道工序或直接送达供应商处，以此触发新的零件生产或补给。这种机制确保了生产线上的零件始终处于充足状态，同时又不会造成过量库存，从而有效避免了资源的浪费。

丰田还巧妙地运用了"超市原理"来优化其内部物流管理。在这个模型中，生产线就像是一个超市的货架，下游工序可以根据实际消耗情况"采购"上游工序提供的零部件。这样做的结果是，只有在真正需要的时候才会补充物料，从而维持了最低限度的库存水平，并实现了即时生产的目标。即时生产不仅减少了库存占用的空间和资金，还减少了与存储相关的成本，如仓储费用、保险费以及潜在的陈旧物料处理成本。丰田通过看板系统实现即时生产目标的具体方式包括以下几个方面。

（1）精确的供需匹配。通过实时监控生产线上的物料消耗情况，看板系统能够准确地反映出各个工序所需的物料数量。当某一工序完成生产后，空箱会被返回到前一工序或供应商，同时携带一张领取看板卡。前一工序收到看板卡后，立即启动相应的生产活动，以补充所消耗的物料。

（2）灵活的生产调度。由于看板系统严格控制了每个工序的物料数量，生产线可以根据实际需求动态调整生产计划。当市场需求发生变化时，生产线可以迅速做出反应，调整生产节奏，避免因过度生产而造成的浪费。

（3）透明的信息传递。看板系统不仅限于物料的追踪，它还作为一种信息传递工具，帮助管理者了解生产状态。通过看板卡上的信息，管理者可以清晰地看到哪些环节存在延迟，哪些环节需要加强管理，从而更好地协调生产流程。

（4）持续的文化改进。看板系统不仅是一种生产控制工具，它还是持续改进文化的一部分。在丰田，任何员工发现生产过程中的问题都可以立即提出，并通过看板系统反馈给管理层。管理层则根据反馈的信息采取相应措施，持续改进生产效率。

通过这些精细的管理实践，丰田不仅显著降低了库存成本，还提高了

◆ 四精管理工法

生产效率和灵活性，而且更有效地暴露了生产过程中的瓶颈问题，促使企业不断寻找改进的方法。每当出现问题或生产效率低下时，看板系统会及时揭示，进而促使团队成员解决这些问题，实现持续的质量改进和效率提升。这一系列精益生产的实践，不仅巩固了丰田在全球汽车制造业的地位，也成为其他行业追求卓越管理的学习典范。

○ 经验启示

（1）按需领取、适时适量：后道工序仅在需要时向前道工序索取所需数量的零部件，这要求对传统流程进行深刻变革，确保生产活动与实际需求紧密同步。

（2）精准补给、避免过剩：前道工序仅生产足以补充后道工序消耗的部件量，由此，生产体系演变为一个流畅的接力机制，各个工序的生产周期得以均衡协调。

（3）不良零容忍：坚决不允许不合格品流向后道工序。在无库存缓冲的情况下，一旦后工序检测到不合格产品，必须立即停止生产，并追溯至源头进行问题解决。

（4）灵活应对需求波动：利用看板系统快速适应市场需求的小幅变动。计划的灵活性体现在能根据市场实时需求或生产紧急状况，通过调整看板的使用频次和数量来响应外界变化，确保生产计划的敏捷性与适应性。

第五节　TPM管理：把设备人员培养成维修专家

概念阐述

TPM（Total Productive Maintenance）管理，即全员生产维护，是一种以提高设备综合效率为目标，以全系统的预防维修为过程，以全体人员参与为基础的设备保养和维修管理体系。

TPM管理强调五大要素，包括追求生产系统效率的极限、建立预防维修体制、由各个部门共同推行、涉及每个雇员以及通过动机管理，即自主的小组活动来推进。

形成背景

TPM的起源可追溯至20世纪50年代，其诞生与美国军事装备频繁遭遇的维护问题紧密相关。为应对这一挑战，美国军方率先引入预防性保养策略，并逐渐将其影响力渗透至其他工业领域。

20世纪60年代，被誉为日本TPM之父的中岛清一，率领考察团赴美深入学习后，于1964年在日本创立了日本设备维护协会。初期，焦点集中在设备保养上，旨在促使每一家工厂都能重视并实践设备维护。20世纪70年代后，这一思想逐渐进化，从纯粹的保养维护扩展到提升整体生产效能的层面。

四精管理工法

实操方法

TPM 实施过程可划分为三大阶段：筹备阶段、执行阶段与固化阶段，各阶段具体措施如下。

1. 筹备阶段

（1）宣传导入与培训：高层领导层决策启动 TPM 项目，组织针对管理人员的培训，普及 TPM 理念。

（2）组织架构搭建：组建 TPM 推进委员会及专项小组，清晰界定职能与运作流程。

（3）方针与目标设定：确立 TPM 的基本方针、具体目标，规划详细活动蓝图。

（4）活动计划编制：细化活动计划，预估实施效果，为后续行动奠定基础。

2. 执行阶段

（1）正式启动 TPM：选择专业的 TPM 咨询伙伴，采纳适宜的咨询服务方案。

（2）构建高效生产体系：推动课题小组活动，优化现场管理流程，实施维护策略。

（3）产品管理：确保新设备从投运之初即达到最优状态，纳入管理体系。

（4）质量保障体系：建立预防不良品产生的机制，强化设备持久管理。

（5）间接部门效率提升：提升非直接生产部门的管理效率，为生产提供有力支撑。

（6）安全卫生与环境管理：建立健全的安全、卫生及环境保护机制，保障生产环境的合规性。

3. 固化阶段

（1）成效保持与优化：持续监控 TPM 实施效果，采取措施稳固并提升设备管理水平。

（2）持续改进：鼓励现场持续改进，不断探索设备管理的新高度，确保长期效益。

○ 应用案例

面对市场的激烈竞争和消费者需求的日益增长，海尔集团前瞻性地选择了 TPM 管理战略，旨在通过强化设备效能、压缩非计划停机时间及提升产品品质，进一步巩固其市场领先地位，具体做法如下。

第一，全员动员，深化参与度：海尔在推广 TPM 时，突破传统界限，不仅限于设备维护团队，而是将此理念普及至全体生产线员工乃至管理层，构建了一个自上而下的全员维护文化。这一举措确保每位员工均能对设备保养承担责任，深化了 TPM 的实践深度和广度。

第二，创新融合，智能引领：海尔在实施 TPM 时展现出了高度的灵活性与创新能力，巧妙地将其与企业自身的信息化优势结合。利用先进信息技术平台，海尔实现了 TPM 与智能化管理的无缝对接，通过大数据分析技术预测设备潜在故障，提前部署预防性维护策略，有效降低了设备故障率。

> 四精管理工法

第三，自动化与智能化的双轮驱动：海尔大力投资自动化设备及智能化管理系统，不仅提升了生产自动化水平，也为 TPM 的高效执行铺设了技术基石。自动化监测与数据分析的实时反馈机制，使得设备维护需求得以即时响应，进一步优化了维护流程。

通过实施 TPM，海尔显著降低了设备故障频次，缩短了生产线停机时间，直接推动了生产效率的显著提升。

● 经验启示

（1）跨领域协同创新：打破传统的部门界限，促进生产、维护、工程、质控及管理层等多部门间的无缝协作，形成一股合力，共同致力于设备效能与产品质量的双向提升，实现协同增效。

（2）全员化责任与参与：树立"人人都是维护者"的理念，不仅限于专业维护团队，而是鼓励每一位员工承担起设备维护与效率提升的责任。通过系统性培训，提升员工的技能认知，激励他们在日常工作中主动践行维护与改进措施。

（3）正向激励与持续改进文化：构建积极的激励机制，表彰在 TPM 实践中表现卓越的个人与团队，同时，灌输持续学习与进步的文化基因，确保 TPM 不仅是一项管理工具，更成为驱动企业持续进化的精神内核，为企业的长远发展注入不竭动力。

第六节　快速换模：缩短作业转换时间

◎ **概念阐述**

快速换模是一种过程改进方法，旨在将模具的产品换模时间、生产启动时间等尽可能减少。这种方法可以显著地缩短机器安装、设定换模所需时间。

◎ **形成背景**

快速换模技术萌芽于 20 世纪 50 年代的日本，是丰田汽车公司为适应多品种小批量生产、减少库存积压、增强生产系统灵活性而摸索出的一项关键技术。该技术的先驱者新乡重夫提出了这一方法，并在广泛的工业实践中验证了其有效性。

◎ **实操方法**

快速换模是一个系统性的改进过程，主要包括以下实施步骤和细节。

1. 现状分析与记录

（1）组建跨职能团队：组建一个由生产、维护、工艺工程师和一线操作工组成的跨职能团队，负责整个快速换模项目的规划和实施。

（2）详细记录换模过程：使用视频记录、时间跟踪表或直接观察的方式，详细记录从最后一个产品下线到新模具安装调试完毕，直至第一个合格产品产出的全过程。每一项操作都要记录时间消耗和具体内容。

2. 分类与识别

（1）内外部作业区分：将整个换模过程细分为内部作业（机器必须停机才能进行的作业）和外部作业（可以在机器运行时进行的作业）。这个步骤是快速换模的核心，因为目标是尽可能将内部作业转移到外部作业。

（2）时间分类：对每项作业的时间消耗进行分类，识别出耗时最长的部分，特别是那些可以通过改进变为外部作业的部分。

3. 内部作业优化

（1）消除浪费：仔细审查内部作业，识别并消除不必要的步骤、等待时间和过度加工。

（2）简化复杂操作：通过改进工具设计、使用快速连接装置等方法，简化复杂的内部作业。

（3）标准化：对必要的内部作业制定标准化流程，减少因操作不一致导致的时间浪费。

4. 外部作业最大化

（1）提前准备：尽可能将模具预热、工具准备、物料检查等工作移到生产运行期间完成。

（2）并行作业：设计作业流程，让多个外部作业能同时进行，充分利用时间。

（3）工具与模具标准化：标准化模具和工具设计，减少调整和适配的时间。

5. 标准化与培训

（1）制定标准化操作指南：为每一步骤创建详细的标准化作业指导书，包括图示、步骤说明和时间标准。

（2）技能培训：对所有涉及换模的人员进行系统的培训，确保他们熟悉新的换模流程和标准。

（3）模拟演练：通过模拟换模练习，检验流程的有效性和人员的熟练度，及时调整优化。

6. 持续改进与评估

（1）建立监控体系：实施换模时间跟踪系统，持续监控换模效率，确保数据的准确性和可追溯性。

（2）定期复审与优化：定期召开会议，回顾换模过程，分析数据，识别新的改进机会。

（3）设定挑战目标：根据实际表现设定更短的换模时间目标，激发团队持续改进的动力。

7. 技术与自动化

（1）引入自动化与辅助系统：考虑自动化技术的应用，如自动模具更换系统、机器人辅助操作等，减少人力依赖和操作时间。

（2）数字化与信息化：利用信息化系统集成换模计划、跟踪进度、管理工具和模具库存，提高效率。

四精管理工法

应用案例

丰田汽车公司曾面临汽车车身冲压生产线频繁换模的问题，每次换模需要数小时，严重影响了生产效率和灵活性。对此，丰田汽车公司采取了以下措施。

第一，丰田汽车公司对换模流程进行了彻底分析，将作业分为内部作业和外部作业。比如，将模具的清洁和检查移到生产之外的时间进行。

第二，设计专用工具，使模具更容易装卸，减少内部作业时间。同时，对模具进行标准化设计，使得不同模具间可以共用更多的组件。

第三，制定详细的换模标准化作业指导书，并对员工进行系统培训，确保每个人都能够熟练执行新的换模流程。

第四，建立持续改进机制，鼓励员工提出改进建议，每完成一次换模后都会进行回顾，寻找进一步优化的空间。

最终，丰田成功地将换模时间从数小时缩短至几分钟，极大地提高了生产线的灵活性和响应速度。

经验启示

（1）标准化模具设计、快速夹具和工具的使用，以及简化流程，都是快速换模的关键策略。这些措施可以减少换模时的调整和适配工作，加快换模速度。引入自动化设备和智能系统可以进一步提高换模效率。

（2）快速换模的成功实施依赖于员工的技能和参与。操作人员需要接受换模流程的培训，并积极参与流程改进，以确保换模步骤的准确性和效率。快速换模是一个持续改进的过程，企业需要定期评估换模时间，分析流程瓶颈，寻找改进机会，并根据市场变化和生产需求调整换模策略。

> **管理金句**
>
> 速度是竞争优势。
>
> ——杰克·韦尔奇

第三章　优化质量

第一节　6σ 管理：追求零缺陷生产

◎ 概念阐述

σ（西格玛）是统计学的一个单位，表示平均值的标准偏差。σ 值越高，代表着失误率越低。一般企业的质量控制水平约为 3σ~4σ。以 4σ 为例，相当于每 100 万次操作中有 6210 次失误。如果达到 6σ，就意味企业所有的过程和结果中 99.99966% 是无缺陷的，几乎达到完美极限。

6σ 管理既着眼于产品、服务质量，又关注过程改进。其核心就是追求零缺陷生产，防范产品风险，降低生产成本，提高劳动生产率和市场占有率，增强顾客满意度和忠诚度。

◎ 形成背景

20 世纪 70 年代末至 80 年代初，日本凭借过硬的产品质量，从美国人手中抢占了大量市场份额。首当其冲的是摩托罗拉公司，在同日本企业的竞争中，摩托罗拉先后失去了收音机、电视机、半导体等市场，直至 1985 年濒临倒闭才开始认识到：自己失败的根本原因是产品质量比日本同类产品的质量差很多。

面对残酷的竞争形势和严峻的生存形势,当时的摩托罗拉公司工程师比尔·史密斯率先提出了6σ管理概念,其目的是设计一个目标:在生产过程中降低产品及流程的缺陷次数,防止产品变异,提升产品品质。而这一管理方法真正流行并发展起来,是在美国通用电气公司的实践,并最终由其董事长和首席执行官杰克·韦尔奇总结提炼形成了一种提高企业产品质量与竞争力的管理模式。

实操方法

在企业追求6σ的过程中,有很多方法和工具。其中一个很重要的方法,就是五个阶段改进步骤法(DMAIC),即定义(Define)、测量(Measure)、分析(Analyze)、改进(Improve)与控制(Control)(表2-1)。

1. 定义

界定核心流程和关键顾客,站在顾客的立场,确定需要改进的流程或产品,明确项目的目标和范围,理清核心工作流程。

2. 测量

收集当前流程的性能数据,确定关键质量特性和关键过程输入变量,建立测量系统分析,确保数据的准确性和可靠性。

3. 分析

分析收集到的数据，识别流程中的缺陷原因。运用多种统计分析类工具，如因果图、散点图、假设检验等，来探索问题的根本原因，确定影响质量的关键因素。

4. 改进

基于分析结果，找出最佳改进方案，然后拟定行动计划、认真抓好落实。这个步骤需不断测试评估方案的实施效果，确保改善方案能够真正发挥效用，最大限度地减少错误。

5. 控制

建立控制措施计划，制定标准操作程序，确保改进措施能够持续有效。6σ管理中，控制是能长期改善产品品质与成本的关键。

表 2-1　DMAIC 管理流程图

阶段	活动要求	常用工具和技术
定义 D	项目启动 寻找 Y=f(x)	头脑风暴、树图、流程图、平衡计分卡、力场图、PDCA 分析
测量 M	确定基准 测量 Y, Xs	排列图、散布图、过程流程图、测量系统分析、直方图、趋势图、检查表、抽样计划、过程能力指数、PDCA 分析
分析 A	确定要因 确定 Y=f(x)	头脑风暴法、水平对比法、方差分析、试验设计、抽样计划、假设检验、多变量图、回归分析
改进 I	消除要因 优化 Y=f(x)	试验设计、质量功能展开、正交试验、响应曲面法、调优运算、测量系统分析、过程改进

续表

阶段	活动要求	常用工具和技术
控制 C	保持成果 更新 Y=f（x）	控制图、统计过程控制、防差错措施、过程能力指数、标准操作程序、过程文件控制

● 应用案例

福特公司在一年一度的汽车常规指标评审过程中发现，部分车型的底漆消耗量为 4.18 千克/单位，而之前的消耗量仅为 3.74 千克/单位，不仅增加了生产成本，而且溶剂消耗量的提升也导致挥发性有机化合物排放增加。为此，福特公司专门成立由马丁·费舍尔负责的 6σ 项目团队，运用 DMAIC 方法来研究解决这一问题。

第一，定义。马丁·费舍尔的团队通过大量走访顾客，确定了项目的三个主要目标：一是减少喷漆消耗量，降低生产成本；二是提高生产过程能力指数，更好地满足顾客需求；三是降低溶剂消耗量，减少挥发性有机化合物排放。然后根据目标，建立标准的项目章程，对项目目标可能产生的影响程度进行评价。最终认为，减少喷漆的影响程度很高，每年可节约 150 万美元、减少 50 吨挥发性有机化合物排放，并且可以减小车辆缺陷率、提升顾客满意度。

第二，测量。马丁·费舍尔的团队通过深入分析车辆喷漆的全过程，基本找到了底漆消耗的六个关键原因：一是每日底漆消耗量是否与时间或班次有关；二是漆膜厚度是否增加，如果增加，分析原因；三是每台自动喷漆机器的消耗量是否有区别，如果有，分析原因；四是每个油漆工的油漆消耗量及检查过程能力指数；五是首次合格率是否达标；六是应用设备是否有损坏或技术问题。

四精管理工法

第三，分析。马丁·费舍尔的团队通过对上述六个关键原因逐一跟踪验证，结果表明第一、二、四、五因素的影响并不明显，而第三个因素——每台自动喷漆机器的消耗量，尤其是汽车后背门喷漆机的油漆消耗量增加。通过对第六个因素——应用设备的测试，发现溶剂回收阀门受损。

第四，改进。针对第三、第六个原因，马丁·费舍尔的团队研究制定了将喷漆方式由自动改为手动、将溶剂回收阀门由塑料材质换为不锈钢材质的解决方案，实际执行后，底漆消耗量由 4.18 千克/单位降至 3.3 千克/单位，每年降低成本 200 万美元。

第五，控制。为了持续巩固项目实施取得的成果，马丁·费舍尔的团队还建议福特公司配套建立了新的实时油漆消耗监测系统和标准运营程序。

鉴于该项目取得的良好成效，最终被提名美国质量协会的国际卓越团队奖，并在世界质量和改进大会上进行了展示。

◎ 经验启示

实施 6σ 管理的过程中，重点要把握以下几个原则。

（1）真诚关心顾客。把顾客放在第一位，了解顾客的需求，并根据顾客需求来设置目标。

（2）资料和事实管理。依托大量的资料和事实数据分析，了解企业表现距离目标有多少差距。

（3）倡导无界限合作。打破组织的边界，加强部门之间、上下环节之间的合作和配合。

第二节　TQM 管理：全面质量管理

◎ 概念阐述

TQM（Total Quality Management）是一种以质量为核心驱动力的管理策略，强调通过构建一个严谨高效的质量管理体系来确保顾客满意，并使所有相关方受益，是改善企业运营效率的一种重要方法。

在全面质量管理中，质量是贯穿所有管理目标的核心要素。其核心理念包括顾客满意、附加价值和持续改善。顾客不仅指外部接受产品或服务的个人和组织，也涵盖企业内部的服务接受者。附加价值是指用最小的投入获取最大的功能价值，追求企业经营与个人工作绩效的最优化。持续改善是指建立以 PDCA 循环为基础、持续改善质量的管理体系。

◎ 形成背景

最早提出全面质量管理概念的是美国通用电气公司质量管理部部长菲根堡姆博士，1961 年，他出版了一本著作，强调执行质量是公司全体人员的责任，应该使全体人员都具有质量的概念并承担质量的责任，其核心思想是在一个企业的各部门中做出质量发展、质量保持、质量改进计划，从而以最经济的水平进行生产与服务，使用户或消费者获得最大的满意。

四精管理工法

实操方法

TQM 管理的实操方法包括四个方面。

1. 设计过程质量管理

产品设计过程的质量管理是全面质量管理的首要环节,包括市场调查、产品开发、产品设计、工艺准备、试制和鉴定等过程。主要工作内容有:根据市场调查研究,制定产品质量设计目标;组织销售、使用、科研、设计、工艺、制造、质量部门参与确定适合的设计方案;做好标准化审查工作等。

2. 制造过程质量管理

制造过程是指对产品直接进行加工的过程,是产品质量形成的基础,是企业质量管理的基本环节。主要工作内容有:组织质量检验、质量分析以及工序的质量控制等。

3. 辅助过程质量管理

辅助过程是指为保证制造过程正常进行而提供各种物资技术条件的过程,包括物资采购供应、动力生产、设备维修、工具制造、仓库保管、运输服务等。主要工作内容有:做好物资采购供应的质量管理,严格入库物资的检查验收,按质、按量、按期提供生产所需要的各种物资;组织好设备维修工作,使设备保持良好的技术状态;做好工具制造和供应的质量管理等。

4. 使用过程质量管理

使用过程是检验产品实际质量的过程，是企业内部质量管理的继续，也是全面质量管理的出发点和落脚点。基本任务是提高服务质量，保证产品的实际使用效果，不断促使企业改进产品质量。主要工作内容有：开展技术服务工作；处理出厂产品质量问题；调查产品使用效果和用户要求（图 2-7）。

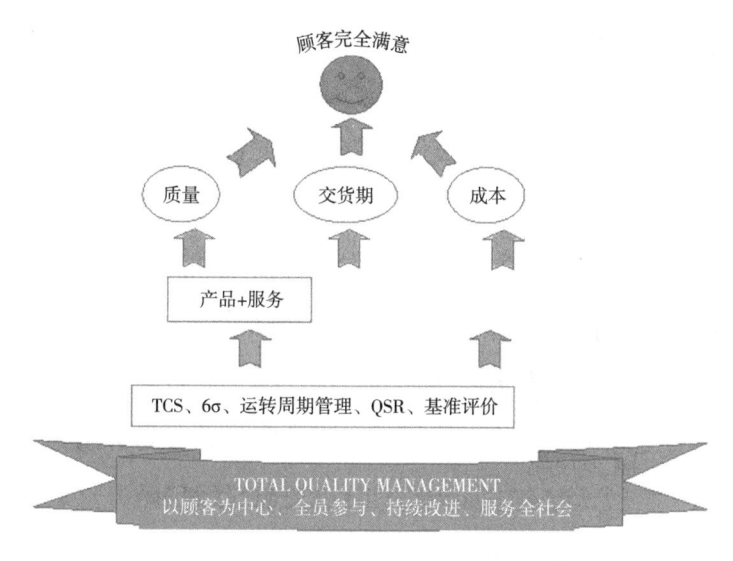

图 2-7　全面质量管理流程图

○ 应用案例

君乐宝乳业集团通过建立"纵横交织"的 TQM5.0 卓越运营模式，以严苛的质量管理确保了产品的安全可靠，在国产乳业中脱颖而出，也确立了其在业内的领先地位。

四精管理工法

第一，横向推进——质量标准链条。君乐宝根据生产实际建立起以奶源管理、供应商管理、产品设计开发、生产过程控制、终端质量管理、消费者沟通为核心的生产管理链条，推进全产业链业务标准化，坚持做到质量管理"零容忍"。

第二，纵向提升——质量体系改进。君乐宝基于PDCA建立以质量策划、质量运营、质量绩效评价、质量提升为核心的纵向质量改进循环，将质量改进从生产过程管理前移到设计过程，在PDCA的基础上设计相关质量标准，通过标准的设计制定与应用，使所有产品尽量一致，从而减少产品之间的偏差，也促进了质量体系改进。

具体操作过程中，君乐宝主要通过"五个严"对产品实施全面质量管理：一是严控的优质牧场奶源，自有牧场全部通过良好农业规范认证，合作牧场全部升级改造，A级牧场占比超80%；二是严苛的供应商选择模式，主要供应商必须在国际、国内排名前三，并通过国际质量体系认证；三是严谨的生产设备配置，采用国际尖端的生产加工设备；四是严密的四重检测体系，包括产品出厂自检、集团中心实验室抽检和风险监测、行业协会抽检、委托国际第三方检验机构随机全项监测，层层把关；五是严格的终端质量保障，从仓储运输到终端销售全程监控，建立信息化监控系统，实时掌控产品的流转状态。

经验启示

TQM管理是一项全面的、系统的管理模式，强调的是全员参与、客户满意、持续改进、过程管理以及基于数据和事实的决策，这些是TQM管理成功的关键要素。

（1）每个员工都是质量的主体，都要为质量负责。

（2）客户满意不仅是 TQM 管理的最终目标，也是持续改进质量的动力所在。

（3）企业应建立基于 PDCA 循环的持续改进机制，鼓励员工提出改进意见，并通过数据分析来支持决策，确保改进措施有效。

（4）基于数据的决策可以更好地支持质量的持续改进，企业应建立完善的数据收集和分析系统，确保决策有据可依，避免主观判断和经验主义。

管理金句

> 质量意味着在没有人监督的情况下做好事情。
>
> ——亨利·福特

四精管理工法

第三节　QC小组：员工自主参与质量管理

◎ 概念阐述

QC是质量控制的缩写，QC小组即质量管理小组，是在生产或工作岗位上从事各种劳动的职工，围绕企业的经营战略、方针目标和现场存在的问题，以改进质量、降低消耗、提高人的素质和经济效益为目的而组织起来的，运用质量管理的理论和方法开展活动的小组，是专注于质量管理的团队。作为企业内群众性质量管理实践的一种高效组织形态，QC小组代表了职工参与企业管理民主化进程与现代科学管理理念的成功融合。

◎ 形成背景

QC小组活动起源于日本的管理行业。20世纪50年代以来，日本开始对现场管理人员进行质量管理教育，出现了一个名为"现场质量管理研讨会"的组织。

在质量管理专家石川馨的倡导下，1962年该组织正式更名为QC小组，并开始在全国注册。当时，第一批注册的是日本电力和电信公社的松山运输公司。

1978年，QC小组正式引入我国，北京内燃机总厂成立了第一个质量管理小组——"曲拐轴QC小组"。1979年8月，全国第一次QC代表会议在北京召开，8月31日，中国质量管理协会宣布成立并专设QC工作部。1997年，国际质量管理小组大会（ICQCC）在北京召开，这是我国首次举办QC小组国际会议。2016年，我国发布《质量管理小组活动准则》，促进小组活动更加科学、规范开展。2018年，我国举办首届中央企业QC小组成果发表赛，促进央企QC小组活动全面深入开展。截至2022年年底，全国累计注册QC小组达4956.5万个，累计创效1.22万亿元。目前，全国每年约有170万个QC小组活跃在现场一线。

实操方法

QC小组活动的基本特征是质量改进和质量创新。小组活动应遵从科学的程序和方法，以事实为依据，用数据说话，才能达到预期目标，取得有价值的成果。

QC小组运用科学的PDCA循环工作方法开展活动，主要步骤包括：选择课题、调查现状、设定目标、分析确定原因、制定对策、实施对策、检查效果、制定巩固措施、总结及计划今后新的目标。

（1）选择课题。抓住现场的问题点，确定题目。

（2）调查现状。进一步调查问题，抓住事实、特性。

（3）设定目标。确定想要达成的目标，制订计划。

（4）分析确定原因。查找需要解决的问题的原因，明确主因。

（5）制定对策。针对发现的问题原因，按照5W1H（六何分析法）原则制定对策。

（6）实施对策。一一实施，及时修改对策。

（7）检查效果。针对对策的效果进行调查确认。

四精管理工法

（8）制定巩固措施。防止问题再发生，进行标准化整改。

（9）总结。立足问题，出具QC成果报告。

（10）再计划。规划下一步行动。

应用案例

中国建筑第二工程局有限公司针对部分建筑"超高层高强混凝土核心筒墙体裂缝出现率"高于公司要求的问题，专门组建QC小组开展针对性研究，取得明显成效。

在前期调查过程中，QC小组成员通过对福州市5个存在超高层高强混凝土核心筒墙体工程的大楼质量评定资料进行查阅，并随机抽取600个点位进行分析，发现平均裂缝出现率为10.7%，远高于公司要求的"≤5%"的标准。针对这一问题，QC小组从"人、机、料、法、环、测"等不同层面进行原因分析，最终明确影响墙体裂缝的主要原因有四点：模板下口拼缝不严、砼配合比不准确、砼养护方法不当、核心筒墙体过长。

针对这四方面原因，QC小组成员集思广益，按照5W1H的原则，创新地制定了模板板面砂浆封堵、调整混凝土配合比、采用混凝土养护剂养护、进行核心筒墙体设计变更等多项对策，并逐一在新的写字楼工程中实施验证，新建的写字楼高强混凝土核心筒墙体裂缝率仅为4%，低于公司5%的要求，课题研究取得圆满成功。

为了进一步巩固拓展QC小组活动成果，该公司还专门将该经验举措编入《超高层核心筒墙体高强混凝土作业指导书》，为同类工程项目实施提供了科学指导。

经验启示

QC 小组组建以后，从选择课题开始，在活动的具体开展过程中应注意以下几点。

（1）领导的重视和参与是推动 QC 小组活动的关键因素，企业需建立健全 QC 小组管理制度和激励机制，充分调动全员参与 QC 小组活动的积极性和主动性。

（2）QC 小组选题宜小不宜大，应以目前存在的影响质量、影响生产或导致消耗高的具体问题作为课题，专门开展针对性研究，不追求所谓的"高大上""大而全"。

（3）现状调查是做好 QC 小组活动的关键所在，要通过对大量的现实情况进行分类分层梳理分析，切实掌握真实资料、找准问题根源。

（4）为了避免 QC 小组活动流于形式，必须全过程加强 QC 小组活动的监督管理，避免为了报告而捏造修改数据，确保活动能够取得实实在在的成效。

管理金句

> 质量管理小组是提升质量意识和改进质量的基石。
>
> ——石川馨

> 四精管理工法

第四节　塔古奇理论：用低成本获取高质量

◎ 概念阐述

塔古奇理论是对全面质量管理理论的进一步发展，就是把质量改进从生产过程前移到设计阶段，强调在设计时就考虑到生产的各个环节，从而确保最终产品的质量能够在各种条件下保持稳定。塔古奇理论特别注重预防质量问题的发生，而非仅仅依赖后期的检验和修正。

◎ 形成背景

20世纪50年代，世界质量管理专家戴明基于全面质量管理理论，提出了"在统计过程控制下的生产系统实现质量改进"的管理方法，有效指导了当时的工业产品质量实现大幅提升。

20世纪60年代后，日本的塔古奇博士进一步发展了戴明的管理理论，提出将工程和统计学方法结合到一起，把全面质量管理推进到设计阶段。他创立了强劲设计、试验设计法和塔古奇损失函数等，通过优化产品设计和生产过程，大幅降低生产成本、提升产品质量。这一理论先后在日本和美国工业界得到广泛应用，并取得巨大成功。

◎ 实操方法

产品缺乏一致性是客户感觉到质量差的主要原因。所以，增加产品一致性、降低产品偏差，是提升产品质量的核心。而塔古奇理论的本质就是通过将质量设计纳入质量管理，从设计阶段就开始关注质量、改进质量，从而达到降低生产成本、提升产品质量的目的。实际运用过程中，主要遵循四个步骤。

（1）最初设计。注重在设计阶段强化产品质量控制，充分考虑生产过程中的一切不可控因素，并分别明确改进方法和举措，使其对不可控因素不敏感，努力降低外界各类因素对产品质量的影响。

（2）优化设计。统筹产品质量、功能、外观、特性，持续优化产品设计，确保产品成本最低、质量最优。

（3）产品制造。严格按照产品设计要求，用最佳的方式和态度制造产品，尽量减少产品功能与目标值的偏差，有效杜绝次品的产生。

（4）统一标准。科学建立规范统一的产品规格标准，降低产品间的偏差，提升产品一致性。

◎ 应用案例

面对20世纪日本企业的激烈竞争，通用电气应用塔古奇理论在减少成本投入、提升产品质量方面取得明显成效，进一步巩固了其行业领先地位，全球市场份额不断扩大。

（1）6σ与实验设计相结合。通用电气的CEO杰克·韦尔奇推行了著名的6σ质量改进计划，其中塔古奇的实验设计成为核心工具之一。实验

四精管理工法

设计帮助通用电气在设计阶段就系统地测试和优化多种变量组合，以找出最佳的产品设计和制造参数，减少产品变异性和缺陷率。

（2）损失函数的引入。通用电气应用塔古奇提出的损失函数概念，不仅计算了不良品的直接成本（如返工、报废），还考虑了因产品不符合顾客期望而导致的市场损失（如客户满意度下降、市场份额丢失），促使通用电气更加注重预防而非仅仅纠正错误，从而在源头上减少质量问题。

（3）稳健设计实践。在家电、航空发动机和医疗设备等多条产品线上，通用电气工程师运用稳健设计原则，确保产品在各种使用条件下都能保持高性能。例如，在设计冰箱时，工程师通过实验设计分析确定了对温度控制稳定性影响最大的几个因素，并优化设计以减少这些因素的变异性，即使在极端气候条件下也能保证食品保鲜效果。

（4）文化变革。除了技术应用外，通用电气还推动了一种以数据驱动和持续改进为核心的质量文化。塔古奇理论的引入促使员工更加关注客户需求和过程优化，形成了全员参与的质量改进氛围。

通过减少不良产品和优化流程，通用电气数年内节省数十亿美元的成本，产品的可靠性和一致性显著提高，提升了客户满意度和市场口碑，塔古奇理论的应用促使通用电气向更加精益、高效的方向转型，为企业提供了宝贵的经验。

经验启示

塔古奇理论告诉我们以下几点。

（1）产品质量不是通过检查和过滤得来的，而应从设计阶段就开始不断改进，质量观念应该从注重治理转变为注重预防。

（2）衡量一个产品质量的好坏，主要依据是最终产品质量与其目标值之间的偏差，好的产品应该从设计上就对不可控制的环境因素不敏感，以尽可能减少最终产品质量和目标值之间的偏差。

（3）产量的功能、外观或特性只是质量的一部分，虽然与质量有关，但不是质量的全部。

管理金句

质量工程就是确保产品在客户手中正确运作。

——田口玄一

四精管理工法

第五节　奥迪特法：依据客户要求检验质量

○ 概念阐述

奥迪特是拉丁文 AUDIT 的中文音译，意为"检查、评审、审核"。奥迪特法是企业站在用户的立场上，按照用户的眼光和要求对检验合格的产品质量进行检查评价，将检查出来的缺陷找出原因、落实责任，并采取措施加以消除、改进，逐步提升产品质量，进而达到用户满意的一种管理方法。

○ 形成背景

奥迪特质量检验方法最早是由德国大众汽车公司提出的，主要是针对 20 世纪 70 年代汽车市场由卖方转为买方的外部形势，为更好地生产出用户满意、走向市场的高品质汽车，大众汽车公司站在客户的角度创新提出了这一质量检验方法，并一直被国际汽车行业采用。我国于 1997 年结合奥迪特质量检验内容修订了《汽车整车产品质量检验评定方法》，并在全汽车行业推广使用。

奥迪特质量检验法作为一种先进的质量管理方法，目前已由汽车行业推广应用到不同行业，只要是存在顾客关系的企业，顾客在安全、可靠、价格、舒适、方便、美观、环保等方面有要求的产品和服务，都可以采用奥迪特方法评审其质量。

实操方法

奥迪特法在汽车行业被广泛推广应用，实际应用中主要分为6个步骤。

1. 抽取样品

产品完成所有生产工序并经检验人员检测合格后，由检验部门从出具合格的产品总数中随机抽取一定数量的样品，现场检查抽取样品的外观有无大的碰伤、划伤、凹痕、破损等缺陷，并向样品提供部门当场说明抽取样品的状态。

2. 检查评审

抽取样品后，在保持其原有状况的前提下，选择合适的场地，从静态到动态、从里到外、从性能到外观，采取看、听、摸、试、测等手段进行认真评审检查，并做好详细记录。

3. 申辩讨论

检查完毕后，由评审组汇总情况，并将相关负责人请到评审现场、宣布检查情况，若缺陷责任部门有不同意见可以申辩，以找准缺陷真正原因；若缺陷部门无异议，则视作对判定的缺陷表示认可，奥迪特质量评审结果不再更改。

4. 综合评价

每月月末，奥迪特质量评审小组对各单位产品奥迪特质量等级进行加权平均，再与工作质量、管理质量和各项质量控制完成情况的增减值有机

四精管理工法

结合起来，综合评判各单位奥迪特质量等级，该等级代表各部门产品当月质量水平。

5. 考核奖惩

定期召开奥迪特质量评审考核会，在会场设立表扬席和批评席，由奥迪特质量评审组对各单位综合质量水平进行讲评，对完成好的综合质量等级部门给予表扬，对完成不好的综合质量等级部门予以批评。

6. 立项管理

针对奥迪特质量评审中发现的质量缺陷，由奥迪特质量评审机构组织有关人员召开专题质量分析会，分析质量缺陷产生原因，制定相应对策措施，由责任部门限期解决落实，并将解决进展纳入下月奥迪特综合质量考核。

○ 应用案例

上海大众公司将奥迪特检查方法充分应用于新款车型的研发生产，获得巨大成功。

上海大众在开发生产某款新车型时，专门成立了质量整改小组，负责协调解决奥迪特质量问题。奥迪特检查小组对每个缺陷进行仔细分类、研究分析，会同各路专家一起找原因、提建议、定措施。特别是针对改进型产品的开发，奥迪特检查组在设计初期就与相关部门提前沟通对接。由于该款车型是在原车型基础上改型生产的，前门是老车型的沿用件。新型车只对前门上的外视镜进行了改进，而加大的外视镜被前三角窗的直槽挡住了视线，用户在使用过程中很难调整外视镜的角度。此外，新型车的门锁、外把手也遭到用户抱怨，在道路环境尘土较多以及行驶距离短、车门开启频繁等情况下，容易出现门锁失灵的故障。产品开发部门根据用户建议，对奥迪特检查缺陷进行了分析，决定对前门和门锁进行改进。奥迪特检查组对开发部门提供的三个改进方案进行了具体分析。

方案一：前门板不做改动，外视镜仍采用老车型零部件，对门锁加装防尘套并改进关键部位材质。优点是成本低、改进快；缺点是未从根本上解决缺陷。

方案二：改进前门结构，取消前三角窗，采用整块摇窗玻璃，并对门锁进行改进，提高其使用寿命。优点是成本增加不多，改进效率较高；缺点是奥迪特检查缺陷仍未完全消除。

方案三：改进前门结构，取消前三角窗，采用整块摇窗玻璃。同时，门把手更换为国际流行的把手，门锁采用新型车锁。优点是奥迪特检查发现的缺陷基本消除；缺点是成本高、周期长，改进难度大。

在方案选定会上，奥迪特检查员站在维护上海大众质量信誉的角度，从用户的立场提出，新型车不能让沿用件的缺陷影响新车整体形象，方案三虽然成本高，但奥迪特检查缺陷扣分最低、质量最好，符合用户的利益和需求，因此建议采用第三个改进方案。最终，方案三获得了各相关部门的一致通过，并成功应用于实际生产。通过奥迪特检查组的不懈努力，新型车的整车质量实现了大幅提升，奥迪特等级达到了公司提出的质量目标，上海大众的这款车型成了公司主打产品，深受客户喜爱。

四精管理工法

经验启示

奥迪特是一种先进的质量管理办法，在帮助企业全面客观掌握产品质量状况、有效促进产品质量改进方面，具有十分显著的效果。实际工作过程中，重点要遵循以下几方面原则。

（1）奥迪特质量检验的出发点和落脚点是确保客户满意，必须站在用户的立场上检查和评审产品质量。

（2）奥迪特检验一般应在质量检验之后进行，只有在产品通过质量检验且被判定合格，并获得合格证的情况下，方可进行奥迪特检查。

（3）奥迪特工作组必须具有充分的独立工作权，不受领导意志干扰，日常工作也不能受到企业其他工作环节影响，以确保质量检验的真实性、严肃性。

（4）奥迪特质量检验法要想真正起到监督作用，就必须保持连续运行，同时保证样品的均匀性，确保各种型号的产品都能被抽检，避免漏检少检。

管理金句

质量控制的最终目标是创造一个能够满足客户需求的产品或服务。

——石川馨

第六节　质量追溯制：增强员工责任感

◎ 概念阐述

质量追溯制是一种综合运用技术、法规、过程等管理手段，对产品从原材料采购、生产制造到销售环节的全过程信息进行记录、追踪的管理体系。要求生产过程中，每完成一个工序或一项工作，都记录其检验结果及存在问题，包括操作者及检验者的姓名、时间、地点及情况分析等信息，在产品的适当部位做出相应的质量状态标志，将这些记录与带标志的产品同步流转。需要查阅时，通过追溯这些记录和标志，可以很容易弄清楚责任者的姓名、时间和地点，从而做到职责分明、查处有据，极大增强员工的责任感。

◎ 形成背景

由于产品生产时存在品种多、批量小等客观情况，一个批次零部件往往用在多个产品型号、不同批次订单的生产中。当制造过程或市场质量异常时，确定好某批次元器件存在问题后，需要进一步锁定问题零部件订单批次、问题产品条码明细等。传统的方式是手工对大量的纸质产品流程卡、领料单等信息展开过滤清查，往往要浪费大量人力和时间，导致异常发生后不能快速响应、效率低下，甚至有时候等调查清楚时，存在风险的

四精管理工法

产品已经发货,对企业的品牌建设及售后成本都造成很大冲击。产品质量追溯制应运而生,最早应用于汽车行业,随后逐步推广应用至各行各业。当质量事故发生时,管理者通过追溯质量状态标志及相关记录能快速定位问题根源,迅速提出恰当的应对措施,降低企业、消费者的损失,使企业、消费者的利益得到有效保障。

我国大中型企业都很重视产品的追溯性管理,甚至实行跟踪管理制度。产品出厂时还同时附有跟踪卡,随产品一起流通,以便用户把产品使用时出现的问题及时反馈给生产者,这是企业进行质量改进的重要依据。

实操方法

质量追溯制是通过全过程记录跟踪了解产品质量,一旦出现产品质量问题,能够快速确定产品来源、及时制定有效举措,防止产品质量问题扩大化的过程。其核心步骤主要有三个,分别是记录、标记和查询,记录产品生产过程中所有与质量相关的数据,并对相应产品分别标记独一无二的识别标签,以便于发现问题能够及时查询。

质量追溯制对于产品的管理通常有三种办法。

(1)批次管理法。对于生产规模较大的产品,可以按批次编号,分别记录其生产工艺和质量状态。

(2)日期管理法。对于生产过程连续、工艺稳定、价格较低的产品,可采用记录日期的方式进行标记管理。

(3)序号管理法。对于同一类型的产品,可以采取连续编号的方式进行标记管理。

质量追溯制对于产品的追溯通常有三种模式。

（1）终端追溯。是指在质量追溯过程中，将消费者需求与企业产品质量追溯工作联系起来，通过终端消费者的感受和反馈，来确定产品质量的好坏，从而有针对性地改进产品质量、满足消费者需求。

（2）物流追溯。是指连接产品、产地、检验、监管和消费各个环节，让消费者了解符合质量安全的生产和流通过程，提高消费者的放心程度。

（3）生产追溯。是指企业从原材料选择、贮存和运输、生产加工、检验和环境控制等方面，全过程做到质量可追溯，有效控制每个生产环节，以确保产品质量。

应用案例

中国石油大庆炼化公司把质量追溯作为提升产量质量的重要抓手，专门制定《产品及原辅料质量管理规定》《航空煤油生产管理规定》和质量管理考核细则，从规范管理流程、细化管理要求、明确管理责任等不同方面，全方位加强产品质量管控。特别是通过批次管理法，实现了产品的全流程可追溯，极大提升了产品质量。

（1）记录。大庆炼化公司创建产品质量周报统计平台，分批次详细记录原辅料和馏出口合格率等质量数据，通过数字化手段大幅提升了质量统计效率。

（2）标记。为提供高品质的产品，大庆炼化公司不断优化完善产品质量管控机制，各车间每天召开质量分析会，研究分析当天质量问题，及时制定有效改进举措，并对每一批次产品赋予识别标签、建立身份档案。

（3）查询。在各条生产线增加电子巡检点，随时关注生产和产品状态，保障产品生产稳定，一旦遇到问题可以第一时间查询，实现全流程可

四精管理工法

追溯。

通过全过程管控＋全流程可追溯，大庆炼化公司让更多产品迈进质量高端、应用领域高端的门槛，连续多年客户满意率100%。

经验启示

质量追溯制是提升企业质量管控水平、保障企业及客户权益最大化、确保产品高质量并满足相关要求的重要举措。

（1）质量追溯制最核心目的是通过质量事故的可追溯性倒逼员工增强责任感，加强每个过程的质量管控，达到全面质量管理。

（2）执行过程中，最重要的环节就是必须建立起企业与整个供应链的联系，构建质量追溯的信息系统，包括制造产品的原材料、零部件、生产加工过程以及产品交付日期等准确信息，所有信息保留下来作为产品的追溯源。

（3）一个完整的质量追溯系统一方面能减少产品召回成本，另一方面也能够最大限度地避免缺陷产品与产品召回事件的发生。

管理金句

责任感是成功的基石。

——温斯顿·丘吉尔

第七节 "三基"管理：筑牢企业高质量发展根基

◎ 概念阐述

"三基"即基层建设、基础工作和基本功训练。加强"三基"工作，就是指加强以党支部建设为核心的基层建设，加强以岗位责任制为中心的基础工作，加强以岗位练兵为主要内容的基本功训练。

◎ 形成背景

"三基"工作源于大庆石油会战时期，是苦干实干、"三老四严"、求真务实、精细严谨等优良传统的具体体现。其生命力在于管理理念扎根于革命传统和中国精神，与新时代做强做优做大国有企业的目标相契合。

20世纪60年代，怀着摆脱"贫油国"帽子的初心，老一辈石油人将苦干实干、"三老四严"的精神融入工作中，奋力开发建设大庆油田。时任大庆油田会战指挥部总指挥的康世恩等领导，深入基层调研，认识到基层单位的重要性。康世恩在1964年向北京汇报时表示，强大的基层队伍才能打赢硬仗，全面管好生产；反之，即便有好的制度也无法落实。

同年，《中央关于传达石油工业部关于大庆石油会战情况的报告的通知》明确提出，要重视基础工作，加强基层建设。在此背景下，会战工委借鉴军队"支部建在连上"的经验，大力开展基层工作，总结出基层建

四精管理工法

设、基础工作、基本功训练三项工作的优秀经验和典型，初步形成了"三基"工作的框架。

随着时代的发展，中国石油不断适应内外部环境的变化，持续完善"三基"管理的内涵，提升其规范化、标准化水平。"三基"管理逐渐成为中国石油的一项独特优势，支撑着企业在新时代继续稳步前行。

实操方法

"三基"管理的具体实操方法可以从基层建设、基础工作和基本功训练三个方面来展开。

1. 基层建设

（1）加强基层党支部建设。按照"四同步、四对接"要求，在具有管理功能的单位和项目团队建立健全党支部，通过发展党员、调整党员岗位、党员联系班组等举措推动党员班组全覆盖，通过设立党员示范岗、党员责任区、党员突击队、党员服务队等引导党员创先争优。

（2）加强基层班子建设。建立健全选人用人机制，发现选拔思想素质好、业务能力强、工作业绩优、有热情、有干劲、有潜力的优秀人才进班子。对基层班子成员加强教育培训和实践锻炼，提高基层班子成员做好思想政治工作、抓好生产经营管理、推进依法合规治企、防范化解重大风险等能力。

（3）加强班组建设。将"五型"班组创建作为载体，推进班组建设规范化标准化。选优配强班组长，在生产指挥、应急处置、人员调配、考核分配等方面赋予班组长权限，加强班组长在规章制度、团队管理、绩效考核、沟通技巧、安全环保等方面培训，提高其基础管理能力、协调组织能力和执行力。

2. 基础工作

（1）强化岗位责任制建设。完善以管理手册和操作手册为载体的岗位责任手册，管理手册重点明确管理岗位的岗位职责、制度要求、流程规范、管理权限、风险防范、检查考核等内容，操作手册重点明确操作岗位的岗位职责、操作规程、工作标准、风险控制、应急处置、检查考核等内容。

（2）强化制度改进与执行。加强制度的系统优化、定期评价、监督问责，增强制度的适用性、针对性和合规性。将掌握岗位必备的法律规定和制度要求作为员工上岗的必备条件，全面提升员工依法合规解决问题的能力。

（3）强化流程优化与执行。建立流程管理责任机制，推进制度流程化，有效发挥流程对员工落实岗位责任制的规范引导作用，推动实现流程简洁高效、运行规范、执行有力。

（4）强化信息化手段应用。适应数字化转型智能化发展趋势，推进基础工作的数字化、可视化、智能化，提高基础工作水平和效率。

（5）强化现场标准化管理。加强现场设备设施标准化配置和上岗人员标准化操作，强化定置管理和标识管理，实现现场环境整洁、设备完好、物流有序、标识规范、安全可控、应急畅通。

（6）强化健康安全环保管理。贯彻落实国家法律法规和标准规范要求，树牢全员、全过程、全天候、全方位理念，强化全员安全生产责任，突出各级重大风险防控，实现安全、绿色和清洁生产。

四精管理工法

（7）强化质量计量管理。坚持"诚实守信、精益求精"的质量方针，树牢"下道工序是上道工序客户"理念，加强质量过程管控，持续提高产品、工程和服务的适用性和客户满意度。

（8）强化成本核算与管控。树牢"从严管理出效益，精细管理出大效益，精益管理出最大效益"理念，坚持低成本发展，强化协同配合、全员参与的成本控制责任。

（9）强化岗位责任制检查。以管理手册和操作手册为依据，运用多种检查方式，强化问题整改和改进提升，充分发挥考核激励约束作用，形成常态化岗位检查工作机制，推动岗位责任制执行落地。

（10）强化岗位责任心培育。继承弘扬优良传统，坚持"抓生产从思想入手、抓思想从生产出发"，切实增强全体干部员工的主人翁责任感。

3. 基本功训练

（1）建立岗位练兵机制。将工作岗位作为练兵平台，健全基本功训练与生产经营相融合、与党建工作相契合，实现练兵与工作同计划、同考核。建立岗位练兵激励机制，将员工岗位练兵情况与评先选优、提拔聘用、等级评定、竞争上岗相结合，纳入员工职业规划，增强员工岗位练兵的积极性。

（2）丰富岗位练兵载体。在传统培训方式的基础上，引进"互联网+"、仿真模拟等培训模式和创新体验式、互动式等培训方式，不断增强员工岗位练兵的主动性。

（3）提升岗位练兵实效。坚持贴近实际、贴近生产、贴近一线，以岗位必备和应知应会为重点，加强培训针对性，做到"干什么学什么、缺什么补什么"。

（4）完善"师带徒"培训方式。发挥"名师带高徒""结对子""工匠精神传承"及校企合作等技术技能传帮带优势，抓好新入职员工、转岗人员和技术技能骨干等人员的培养。

（5）提升技能竞赛有效性。推进以操作技能人员为主体的技能竞赛和以基层专业技术人员为主体的专业竞赛，促进员工提高岗位技术技能。

应用案例

大庆油田公司坚持抓基层、打基础、固根基，持续丰富完善新时代"三基"内涵，为油田高质量发展提供了坚强保障。秉承"支部建在连上"的会战传统，树牢"党的一切工作到支部"的鲜明导向，以夯实基本组织为出发点、建强基本队伍为关键点、完善基本制度为着力点，不断增强基层党组织政治功能和组织功能，涌现出了一批优秀的基层党组织和个人。提出"工作制度化、制度流程化、流程表单化、表单标准化、全面信息化"的"五化"路径，构建以体系手册为统领、制度标准为支撑、岗位责任制为基础、岗位责任制检查为保障的新时代"四位一体"岗位责任制综合管理体系，同步优化升级岗位责任制和新时代岗检模式，推动油田基础管理从精到进有效提升。全面加强以提升人力资源价值为导向的基层岗位练兵，加强岗位培训基地、练兵手册等载体建设，落实一线人才梯次培养代际传承，做实"红工衣白大褂"协作机制，形成一支以大国工匠刘丽为领军、两级技能专家为龙头、高级技师为骨干的高层次人才队伍，建成国家级技能大师工作室6个，集团级、省级技能专家工作室11个。

四精管理工法

◉ 经验启示

"三基"工作是石油石化行业的优良传统和管理基因,是夯实基础管理工作、推进企业发展的"传家宝"。加强"三基"工作需要以下保障措施来确保其有效实施。

(1)领导重视与责任落实。高层需认识到"三基"工作的重要性,并明确各级管理人员的责任。

(2)制度建设和政策支持。完善管理制度,出台支持"三基"工作的政策措施。

(3)资源配置与投入保障。提供资金支持,合理调配人力资源,确保关键岗位有足够的专业人员。

(4)教育培训与技能提升。定期开展培训课程,实施"传帮带"机制,通过实际操作提升基本功。

(5)监督检查与考核评价。建立监督检查机制,设立科学的考核评价体系,将"三基"工作成效纳入绩效考核。

(6)宣传引导与文化建设。加强宣传教育,构建积极向上的企业文化,鼓励全员参与。

(7)典型示范与经验推广。总结推广先进经验,组织经验交流活动,促进相互学习借鉴。

(8)持续改进与创新。建立持续改进机制,鼓励技术创新和管理创新,适应内外环境变化。

第三篇

精雕细刻强管理

第一章　项目管理

第一节　甘特图：直观了解项目规划与进度

◎ 概念阐述

甘特图又称为条状图，是以时间为横轴、以活动项目为纵轴、以线条绘制的期间计划和实际完成情况构建的综合显示效果图。

甘特图的实质是一种以活动工序为主导，按照工期等时间序列逻辑将活动列表分列展开与安排的项目管理优化工具，它通过图表的构建达到对企业工作中心、工作状态等进行可视化分析与处理的目的。构成甘特图的必备要素包含以下三个方面：第一，以图形或表格的形式显示活动；第二，通用的显示进度的方法；第三，构造以时间为系统基础的进度。

◎ 形成背景

甘特图的产生可以追溯到第二次工业革命，在工厂取代家庭作坊式的传统手工艺、生产力极大提高的背景下，技术上的先进与相对落后的管理方式产生了重大矛盾。因此，在管理科学创新与产业实践方面，围绕生产技术，诸多高新技术行业进行了多项创新。甘特图是由美国机械工程师和管理学家亨利·甘特于 1910 年构建。1917 年，甘特将甘特图正式作为管理工具推向市场。1929 年，美国机械工程师协会授予他金质奖章，以肯定他在工业管理领域做出的巨大贡献。

◎ 实操方法

甘特图是随时间推移安排任务的直观视图。它能以图示的方式形象展示活动列表和时间刻度，并清晰标识出每项任务的起始与结束时间。绘制甘特图的常用软件包括 Excel、Microsoft Project 等。

使用 Excel 绘制甘特图时，不用安装其他任何软件就能实现简单的甘特图绘制。改动数据时，进度条会实时更新，同时还可以自定义每个进度条的颜色，了解工作的最新进展和完成情况。

在绘制甘特图时，要充分考虑项目的实际情况，包括时间进度安排、人员管控、目标质量等要素。从项目整体考虑，甘特图要按照上述项目管理流程从启动、计划、实施、收尾、维护 5 个部分有序展开。绘制分项目及子系统等阶段的甘特图时，要充分考虑子目标要求，以保证计划与图表的科学性与合理性。

此外，也可以按照线性进度、项目角色、目标任务等维度绘制甘特图。具体绘制甘特图时，横轴表示时间，纵轴表示目标和任务。预估每个目标的起止时间，在计划实施中也可进行微调。绘制甘特图的根本目的是便于项目管理者了解与跟进项目计划、项目当前进展、项目工作拆分、项目分工等方面的工作。

四精管理工法

应用案例

本例中以 Excel 绘制甘特图为例进行应用讲解。

第一步，确定项目管理流程，创建项目管理表格，要求包括项目基本元素，即工序名称、开始时间、持续时间、完成时间等（表3-1）。

表3-1 甘特图绘制实例

工序名称	开始时间	持续时间（天）	完成时间
活动1	8月1日	4	8月5日
活动2	8月3日	5	8月8日
活动3	8月11日	9	8月20日
活动4	8月21日	24	9月14日
活动5	9月16日	8	9月24日
活动6	9月25日	5	9月30日

第二步，构建初步图形：选中区域内容→插入→推荐的图表→选择所有图表中的条形图→选择堆积条形图→确定。

第三步，水平轴标签修改与处理：选中图表→图表设计→选择数据→水平轴标签编辑→选中所有任务名称。

第四步，图例项处理：图例项→添加→选中开始时间数据，调整持续时间与开始时间的位置，确保开始时间在上方。

第五步，将开始时间数据的柱形图颜色设置为无填充，并将横轴（活动）栏顺序调整为逆序类别。

第六步，单列出整体项目的开始与完成时间，选中后右键设置单元格格式，将数字类型改为常规。选中图中的时间栏，根据步骤七中的数据在坐标轴选项中修改最大值与最小值。

第七步，点击图中蓝色条形图，右键添加数据标签，按需要修改标签颜色，最终得到甘特图（图 3-1）。

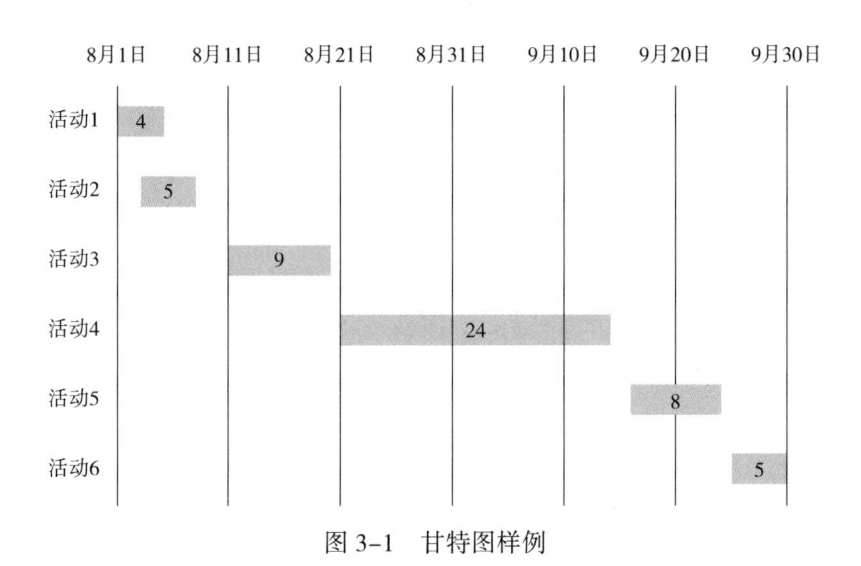

```
            8月1日   8月11日  8月21日  8月31日  9月10日  9月20日  9月30日
   活动1      4
   活动2            5
   活动3               9
   活动4                          24
   活动5                                          8
   活动6                                               5
```

图 3-1　甘特图样例

◎ 经验启示

甘特图简单直观、易于操作，使用者能够清晰了解不同时间段内的工作内容和进度要求，有利于提高工作效率，对项目进行全生命周期把控。

（1）直观展示进度。甘特图往往利用条形图的形式，能够清晰展示每一个工作任务计划开始和结束的时间，以及实际的任务完成情况，让管理者能够快速地识别哪些任务能够按计划进行，哪些任务可能存在延误。

（2）促进流程管控。甘特图具有简明性和易于操作的特点，可以让项目管理者在短时间内对整个项目流程进行梳理和分析，从而更精准地把握

四精管理工法

项目进度，提高项目管理效率。

（3）辅助决策制定。甘特图不仅能够展示任务进度，还允许管理者通过对比计划与实际进度，评估项目的整体状况，这能够为项目管理者提供决策支持，帮助他们及时调整资源分配、优化时间安排、纠正偏差，确保项目顺利完成。

管理金句

计划你的工作，工作你的计划。

——纳尔逊·洛克菲勒

第二节　关键路径法：将项目拆分成可管理的任务

◎ 概念阐述

关键路径法是一种通过将一项工作或几项工作分解成若干步骤，再根据其自然顺序进行合理且优化的排列方法。在关键路径法的规划中，对整个工作或项目进行统筹规划和规制是其根本目标。由于该特点，它也被频繁用于项目管理中。

◎ 形成背景

关键路径法是一种于20世纪50年代后期在美国产生并进一步发展起来的技术方法，强调以网络为基础设定计划。它起源于美国杜邦公司。1957年，该公司在制订化学工厂的建设计划与保全计划中，公司的主要负责人摩根·沃克和雷明顿·兰德公司的数学家詹姆斯·凯利研究如何能够采取正确的措施，在减少工期的情况下能尽可能少地增加费用，设计出了一种计划管理方法，即用网络图形式列出工程计划及各项工作之间的相互关系，找出关键路线与关键工作，并在此基础上，对工程与生产进行校准与调整，最终达到加速工程进度与降低成本的目的。1957年5月7日，凯利借用线性规划的概念来解决项目计划自动计算的问题，简单地说，就是确定了每个活动的工期和活动间的逻辑关系，输入电脑后就能自动计算

四精管理工法

项目的工期，凯利在活动间使用了节点来表示活动间的前后逻辑关系。同时，凯利绘制了图形来解释电脑所做的工作，图形以箭线表示活动，以节点表示活动间的逻辑关系，这就是最早的箭线图。1959年，凯利和沃克共同发表了论文《关键路径法计划与规划》，在这篇长达25页的论文中，不仅阐述了关键路径法的基本原理，还提出了资源分配与平衡、费用计划的方法。

实操方法

关键路径法的基本流程与步骤可见图3-2。

（1）根据项目计划，确定好项目目标，并根据项目要求列出初步实施计划。

（2）根据项目实施计划，进一步细化作业分工，尤其要重点明确作业在两个维度上的设计。其一是作业间的逻辑关系，也即相互关系，这主要包括前向关系、后向关系、并列关系等。其二是作业的时间设计，要明确项目计划中的时间范围，重点在于对于作业的起止时间、持续时间的界定上。

（3）经前面各步分析，汇总关键要素，绘制网络计划图草图。

（4）按照事物发展顺序，对作业的逻辑关系、时间顺序进行审定，对草图进行再校准。

（5）根据最终结论，对草图进行修改与审定，绘制最终版本的网络计划图。

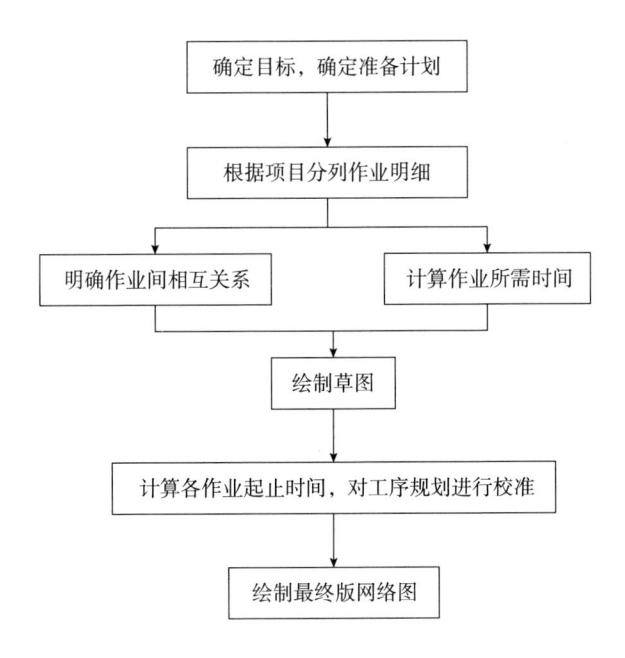

图 3-2 关键路径法基本流程

○ 应用案例

中国海洋石油工程公司成功应用关键路径法,对公司事业的发展发挥了重大作用。具体体现在以下几点。

1. 提高进度管理效率

在国际油价波动的背景下,中国海洋石油工程公司通过精确规划和监控项目的关键任务,确保项目按计划进行,在资源配置和时间管理上实现了降本增效,大大提高了项目管理水平。

四精管理工法

2. 适应海洋工程特性

中国海洋石油工程公司的项目都具有特定的环境和技术要求,应用关键路径法能根据这些特性对项目进行调整和优化,以更好地融入项目管理流程,确保其在海洋石油工程中的有效性。

3. 促进资源优化配置

在渤海湾等新开发项目中,关键路径法通过明确项目的关键节点和依赖关系,帮助项目管理者进行资源的最优配置,不仅缩短了建设周期,还明确了进度管理的目标和方向,实现了工程资源的统筹管理和公司整体效益最大化。

4. 强化项目进度控制

关键路径法通过进度跟踪和控制机制,能够确保项目按计划有序推进,及时调整以应对可能出现的延误或变更,保障项目目标的顺利实现。

◎ 经验启示

(1)关键路径法是一种基于单点时间估计、有严格次序的网络图,为项目及其主要活动提供了图形化的显示,这些量化信息为识别潜在的项目延迟风险提供了极其重要的依据。

(2)在项目管理领域,网络计划的编制核心在于识别网络图中的关键路径,针对这些关键活动优先分配资源、深挖潜力、并实施措施以缩减所需时间。

（3）对于非关键路径上的任务，只要不影响整体工程进度，可以适当调配人力、物资和资金等资源至关键路径，旨在减少项目周期并优化资源配置。

> **管理金句**
>
> 如果你把事情分成小部分，就没有什么特别困难的。
>
> ——亨利·福特

四精管理工法

第三节　PERT 图：展示任务之间依赖关系

◎ 概念阐述

PERT 即计划评审技术，是一种类似流程图的箭线图。它描绘出项目包含的各种活动先后次序，标明每项活动的时间或相关成本。对于 PERT 网络，项目管理者需要考虑做哪些工作，确定时间之间的依赖关系，分析出潜在可能出问题的阶段，借助 PERT 还可以方便地比较不同行动方案在进度和成本方面的效果。

构造 PERT 图，需要明确三个概念：事件、活动和关键路线。事件表示的是主要活动结束的那一点；活动表示的是从一个事件到另一个事件之间的过程；关键路线是 PERT 网络中花费时间最长的事件和活动的序列。

◎ 形成背景

PERT 图最早是由美国海军在计划和控制北极星导弹的研制时开发和应用的。在研制北极星潜艇的过程中，PERT 图通过协调整个计划的各道工序，合理安排人力、物资、时间等要素，使研制时间缩短了两年。

实操方法

PERT 技术的应用需要满足四个基本需要。

（1）对项目进行分解。将整个项目分解并规划成具备时间要素与逻辑要素的数道工序，并对每一道工序中的工作起止日期、成本花费与资源调配情况进行估计，对项目的分解与估计是为了保证项目在开始后，即使在出现意外的情况下，也能够尽可能减少对于项目实施的负面影响。

（2）绘制 PERT 网络图。网络图绘制的基础是确定各工序间的逻辑关系。根据网络计划中的各项要求，重点考虑网络回路的设计问题，并且要注意对于 PERT 网络图的绘制来说，只能存在一个总起点和一个总终点。

（3）估计工序时间。在确定好工序间的衔接和逻辑关系后，可以根据现有经验与实际运作情况来分段估计各工序完成的三类时间，即工作的最快时间、最可能时间以及最慢时间。最终依据三类时间根据概率论公式，计算出工期的期望值与标准差，以此作为最终确定关键线路的数据基础。

（4）发现与计算关键线路。关键工作组成关键线路，关键线路决定项目工期。在项目实践过程中，往往存在某个工作在不影响后续工作或不影响总工期的情况下能够富余出来的机动时间，即时差。时差的存在使得发现关键线路在项目制定中发挥了重要作用。

应用案例

本节以一个项目的网络分析管理过程为例，讨论管理过程中的 PERT 图应用，详见图 3-3。对于项目管理来说，最为首要的即是要了解工作、工艺和组织机构上的逻辑关系与时间顺序，依照工序来确定某个项目的关键线

四精管理工法

路，从而确定关键工作和非关键工作，并以此为基础进行资源的优化配置。

将项目分解成若干工序。如本例中，从项目开始到项目结束，可将总工作量分为 11 道工序。

将各个工序按照彼此之间的逻辑关系进行排序，确定各个工序间的先后顺序，列出工序项目的明细表。如本例中存在五条工序顺序，排列如下。

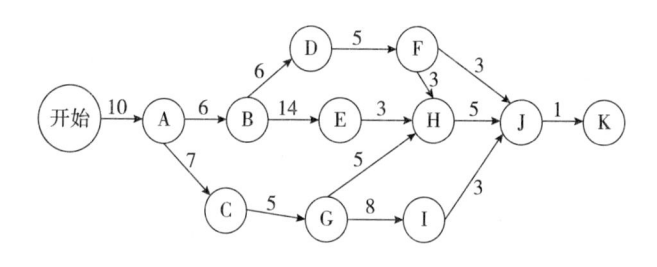

A → C → G → I → J → K

A → C → G → H → J → K

A → B → E → H → J → K

A → B → D → F → J → K

A → B → D → F → H → J → K

图 3-3 PERT 网络图

按照明细表中的工序内容，利用箭线等元素，进行 PERT 网络图的绘制，并标注工序所需要的时间。从起始点到终点由小到大对节点进行编号。

根据工期计算各个工序的时间参数，包含四类时间与两类时差，即最早开始时间、最晚开始时间、最早完成时间、最晚完成时间、自由时差和总时差。

根据 PERT 网络计划制订相关资源分配计划、成本控制计划等项目管理计划，识别关键和非关键工作，通过合理优化配置资源来保障关键工作如期完成，调整非关键工作时间和资源以保证最终的分配合理、均衡。

经验启示

PERT 图作为一种有效的事前控制方法，能够帮助管理者明确所负责的项目在整个工作过程中的位置和作用，增强全局观念，为有效开展控制工作，以及对工作各个阶段的协调创造了条件。

（1）在绘制 PERT 图的过程中，管理者需要对所负责的工作和项目进行计划，做到心中有数，形成共同参与、严密的计划控制体系。

（2）PERT 图的应用领域具有较严格的限制，并不适合所有的计划和项目。适用 PERT 图的项目需要同时满足三个条件：一是事前能够对项目的工作过程进行较准确的描述；二是整个工作过程有条件划分为相对独立的各个活动；三是能够在事前较准确地估计各个活动所需的时间、资源。

（3）在计划评审技术的实际操作过程中，如果无法保证作业时间在估算时间内完工，现实结果一定会和评审结果出现偏差。因此在应用计划评审技术时，需要将各项工作的影响因素考虑全面，完善资源配置，合理地安排组织具体工作细节，如在工程项目的应用中，尽量避免交叉作业，同类工序进行穿插施工等。

管理金句

> 如果你不能描述你在做的事情为一个过程，你就不知道自己在做什么。
>
> ——爱德华兹·戴明

四精管理工法

第四节 里程碑计划：有效跟踪项目进展

◎ 概念阐述

里程碑计划，亦称"关键事件进度计划"或"主进度计划"，是指为达到特定目标识别关键任务，并针对关键任务的完成周期要求编制的计划。它表明为了达到特定的里程碑，需要去完成一系列活动。里程碑计划通过建立里程碑和检验各个里程碑的到达情况，来控制项目工作的进展和保证实现总目标，一般可以分为管理级和活动级。项目管理者通过建立里程碑并动态管控里程碑的完成情况，来监督项目进展，直至总目标的实现。

◎ 实操方法

里程碑计划的构建可以分解为三个步骤，首先要对目标进行分解与解构；其次以分解的活动为依托，绘制里程碑计划图；最后，在里程碑计划图编纂完成后与活动中，根据目标需要对活动进行重新审定。在制订计划的过程中，也要注意以订立的目标体系和经营计划一致为大前提，注意计划本身的订立要有利于监督、控制和交接，要注意将不确定性放在活动级上，以保证计划的稳定性，同时更要保证计划报告的简明扼要、通俗易懂。实施步骤详细如下。

（1）分解目标。制订里程碑计划的第一步就是要将总目标分解成若干阶段目标或子目标，然后根据阶段目标或子目标制订里程碑。这是里程碑计划最为基础也是最重要的一步。

（2）绘制里程碑计划图。将上步得到的阶段目标或子目标绘制成图或表的形式。这样清晰易懂，便于员工执行。

（3）评估并修正里程碑计划。在里程碑计划执行的过程中，企业要根据实际生产情况，不断对其进行完善和修正，但一定要保证计划的整体稳定性。

应用案例

本节以配电网建设为应用案例，具体说明里程碑计划的编制方法。

第一步，统筹批次工程的里程碑计划确定方案，通过对配电网建设进行全过程分析，将里程碑计划节点设置为11个，其中包括项目可研批复、投资计划下达、ERP项目完善（预算编制下达与项目创建）、初步设计批复、服务类合同签订、物资需求计划提报、物资履约配送、工程开工、工程竣工、工程结算、工程决算。

第二步，加强项目前期核实，注重里程碑计划的差异化处理，配电网项目储备经过一段时间后，往往因为外部环境变化等因素，部分项目落地困难，甚至无法实施，项目的调整或取消对里程碑计划的执行影响重大。

第三步，搭建工程建设数据信息共享平台，建立信息共享机制，实现里程碑计划管理的高效、透明。建立批次工程与单项工程的里程碑计划进度台账，每日更新，动态跟踪工程推进信息。另外，加速信息集成与资源共享，推行配电网建设信息周报。

四精管理工法

◎ 经验启示

里程碑计划是生产进度管理的重要工具之一，相较于一般性的计划方法，具有以下显著优势。

（1）控制生产进度。通过里程碑计划，生产人员能够不断地检查和确定生产进度是否正在按计划执行。如果发现生产进度偏离计划，管理人员需要及时找出原因，采取补救措施，保证准时交货。

（2）激励生产人员。里程碑的设置可以让生产人员有责任感和适当的紧迫感，提高生产效率，准时完成生产任务。在完成里程碑计划的过程中，企业可对有突出贡献的生产人员进行奖励。

（3）稳定计划实施。与其他制订计划的方法相比，里程碑计划的制订更严谨，不易产生变动，便于生产人员执行。

管理金句

如果你没有设定明确和具体的目标，你永远不知道自己是否达到了目标。

——艾利·高德拉特

第五节　RACI 图：明确不同角色在项目中的职责

概念阐述

责任分配矩阵（RACI）是一种管理职责分配方法，是人力资源与项目管理领域中用途较为广泛的管理工具。责任分配矩阵中的 R、A、C、I 各字母分别对应了管理中的四项关键要素：R（执行人）、A（负责人）、C（顾问）、I（知情人），在拓展的责任分配矩阵中也存在 S（支持者）。

实操方法

绘制责任分配矩阵前需要对工作进行两个方面的分解：一方面，要对实际工作程序和工作内容进行分解；另一方面，要厘清具体工作参与人员的名单。绘制责任分配矩阵中，要充分理解并分配项目中每个人的职责，并将其填入对应的表格。实际上就是按照谁负责、谁批准、咨询谁、告知谁四种情况填写矩阵，具体标准如下。

1. 谁负责

被分配到负责角色的人是实际需要做工作来完成任务的人，每个任务需要至少一个实际负责人进行参与。在负责成员的额定方面，要兼顾工

四精管理工法

作效率最优与工作量适中两方面考虑，将负责成员人数控制在一个合理区间。

因此，在实际操作中可以从以下角度对负责人的选择进行思考。哪个部分应当负责具体工作？在具体参与人员名单中，谁来做这项工作？另外，如果一人身兼数职，列出角色而非名字可以提高矩阵构建的效率。

2. 谁批准

批准的人负责确保任务完成，不同于负责子矩阵的构建，批准子矩阵的构建在矩阵元素中，不存在多人负责的情况，每个工作的批准人实际上只有一人，这将清晰地定义任务的所有权，避免工作责任不清。

因此，应从以下角度对批准人员的选择进行思考：谁负责下一工作流程的任务？谁负责对于阶段性与最终工作的审查任务？在实际操作中，也可能遇到负责人也是批准人的情况，但是将这两种角色职能进行分割，有利于将任务职能进一步细化，提升工作效率。

3. 咨询谁

被置于咨询角色中的团队成员或利益相关者拥有有助于完成任务的有用信息，提供咨询服务的人数没有上限或者下限，每个被选中的人都要有被咨询的资格。在实际操作过程中可以从以下角度对咨询人进行思考：任务会影响谁？谁将为负责角色提供反馈，以帮助他完成工作？谁作为该活动的经验专家？选择与识别合适的人来担任这个角色，可以高效、正确地完成任务。

4. 告知谁

被确定为需要被告知的人需要知道做出的最终决定以及任务何时完成，将许多人分配到这个类别中，并让一些团队成员了解大多数任务，这种情况是很常见的。被分类到这里的团队成员和利益相关者不会被要求获得反馈，所以关键是确保这个组中的人需要知道状态更新，而不需要为工作的完成提供任何直接的反馈。

为确保能选择适当的人员支持，应从以下几个角度进行考虑：谁会在乎这个任务的完成情况？谁会受到成果的影响？如果最终可能有大量团队成员和利益相关者成为知情人，你需要通过列出项目计划或会议记录的方式让他们都知晓，而不是一个个去沟通。

应用案例

本节以石油开发项目为例，浅谈模型的应用。

表3-2是一个RACI矩阵的完整形态，如前所述，它包括了活动与部门两类元素，其中活动作为矩阵的列向量，部门作为矩阵的行向量。本矩阵表示在设计文件编制阶段，项目经理作为审批者，设计部作为主要实施者；在设备采购阶段，项目经理作为审批者，采办部作为主要实施者，控制部门与财务部门作为该活动的咨询者，而设计部门在该活动中则作为被通知的主体；在设备验收阶段，项目经理作为审批者，设计部作为实施者，采办部作为该活动咨询者，控制部和财务部则作为被通知的主体。在进度控制、费用控制与质量管理阶段，以上分析也同样适用。

四精管理工法

表 3-2　RACI 矩阵示例

	活动	控制部	设计部	财务部	采办部	QHSE 部	项目经理
1	设计文件编制		R				A
2	设备采购	C	I	C	R		A
3	设备验收	I	R		I	C	A
4	进度控制	R	I				I
5	费用控制	R		C			I
6	质量管理		C			R	I

经验启示

RACI 模型作为责任分配模型，被广泛用于大型项目之中，多适用于存在多利益方、内外部管理团队庞大等复杂情况，有助于厘清项目推进的逻辑，指明项目规划的路径，提升项目实施的效率，规避项目进程的风险。

（1）RACI 模型有助于修正项目进行中的各类问题。第一，在工作职责分工不清晰时，RACI 模型能够解决权责不明确的问题；第二，在个人、各部门工作负荷不平均时，RACI 模型能够解决工作延迟的问题；第三，在部门之间存在不同意见时，RACI 模型能够解决沟通不顺畅的问题；第四，组织或部门出现改变时，RACI 模型能够避免主要工作及功能受到影响，尽快安排岗位及工作角色；第五，RACI 矩阵可用于对项目的复盘与审定。

（2）在复盘与审定中，RACI 模型可查看部门或个人对相应的活动承担怎样的责任。一方面，在矩阵的纵向分析里，可以查看一个部门或个人对相应的活动承担怎样的责任。可以从以下几个思路进行复盘：第一，有过多的 R，这表明可能存在工作负荷分配不均匀的情况；第二，没有 R 也没有 A，这表明在实际操作中，该部门或个人在项目中的存在意义有待明晰；第三，存在过多的 A，这表明某个部门存在过多的决策权，可能影响项目的整体效率。

另一方面，在矩阵的横向分析中，可以查看某一活动中每个部门或个人的职责。可以从以下几个思路进行复盘：第一，几乎没有 R 和 A，这表明，该项活动的设计存在严重问题，可能会出现无人负责、无人实施的情况；第二，存在过多的 C，这表明，该项活动的设计应更加聚焦于对职能部门情况的详细询问和了解，而非广泛征询，造成活动效率低下；第三，矩阵中的空白均被填满，这表明在实际工作中，全员参与了一项单一活动，可能会造成资源的浪费与效率低下。

管理金句

责任的第一法则是明确。

——安东尼·罗宾斯

第二章　绩效管理

第一节　绩效飞轮：让管理"飞"起来

◎ 概念阐述

绩效飞轮描述了一个企业为提升绩效而持续进行的循环管理活动，它是一个不断迭代、逐步提升的闭环系统，包含目标、方法、检查、奖惩四个核心步骤。每轮循环结束后，并非意味着绩效管理的结束，而是管理者需要协助员工设定新的目标：对于达标的员工，管理者应提出更具挑战性的目标；对于未达标的员工，管理者需协助他们分析原因并制定改进措施。如此，企业的绩效管理就像一个持续旋转的飞轮，周而复始地执行目标设定、方法实施、结果检查和奖惩评定的管理循环。

◎ 形成背景

绩效飞轮由李践在其《赢利模式》课程中首次提出，他借鉴管理学大师柯林斯在《从优秀到卓越》中提出的"飞轮效应"，构建了这一绩效管理模型。飞轮效应描述了一个庞大而沉重的轮子，起初需要巨大力量才能使其缓慢启动，但一旦方向正确并持续推动，轮子会逐渐加速，最终凭借积累的动能自行快速旋转。李践将此理念应用于绩效管理，认为企业通过持续推动绩效飞轮，能够不断提升员工绩效。

◎ 实操方法

在企业中，管理者可以围绕绩效飞轮的几个维度进行绩效管理：

1. 启动飞轮——设立明确的目标

确立具体且可衡量的考核指标，并将其与员工及部门的实际利润挂钩，要求管理者和员工共同对利润负责，致力于降低成本、增加收入。通过倡导"人人都是自己目标与利润的主人"，员工将找到内在的工作动力，从而自发地投入工作，推动绩效飞轮运转。例如，设置员工目标利润表，将员工的目标与潜在利润挂钩，使员工能够清晰地看到自己的努力与回报之间的关系。

2. 控制飞轮——找到完成目标的措施和方法

在目标设定之后，管理者需要协助员工探索实现这些目标的策略。企业应实施标准化和精细化管理，遵循既定的标准化流程，编制岗位标准化手册，构建"传帮带"培训体系，并持续进行知识管理，确保绩效飞轮有效运转。例如，通过制定关键岗位的标准化操作手册，明确岗位目标和工作流程，并针对手册中的关键环节开展专门的培训。

3. 修正飞轮——评估、检查与反省

构建一个从高层到基层的连贯性评估体系，涵盖高层对中层、中层对基层、基层对员工等不同层级的检查与反馈机制。通过这一体系，管理者

四精管理工法

能够及时识别员工在动力、动机甚至能力上的潜在问题，并采取针对性措施，协助员工及时发现并纠正错误。这种机制鼓励员工进行自我反思，减少重复犯错的可能性，从而调整并优化绩效飞轮。例如，可以开展高层每月财报会议、中高层每周绩效会议，以及高层对中层、中层对基层的定期绩效评估。

4.加速飞轮——奖励与改进

为绩效目标和不同层级明确设定奖惩制度，确保公司内每个成员都清楚自己的职责和目标，同时，要求员工在面对不足时进行反思、学习和改进。例如，在每个考核周期中，可以设置"飞轮奖"以表彰优秀员工并让其分享成功经验，对于"飞轮落后者"可进行惩罚。

应用案例

李践在风驰传媒公司内部大力推行绩效飞轮的系统管理，为公司绩效装上了"发动机"，让管理"飞"了起来。

1.目标量化，让人人有绩效

公司内部流传着这样一句话："千斤重担万人挑，人人头上有指标"，强调绩效飞轮的运转依赖于数字化的绩效目标。公司会将收入、成本、利润等经济指标分解给各级经理，然后由经理继续向下分解，直至每个员工都明确自己的具体指标。在这一分解过程中，还需进行时间上的对接，确保每个人的年度、月度乃至周度指标都被全部分解，使绩效目标既可量化评估，也可实时监控。

2. 完善价值转换，控制飞轮运转

在公司内部，李践认为培训是一种价值转换的过程，是推动绩效飞轮运转、助力员工达成绩效目标的关键手段。公司将总薪酬的10%划拨为培训基金，每位员工每年有5000元的培训预算，由人力资源部门管理，所有参与培训的员工必须进行知识分享，即分享学习制度。培训和分享结束后，公司会要求员工详细列出他们参加的培训课程以及在分享会上的心得。

3. 评估检查促执行，修正飞轮才可行

公司管理层承担着检查者的角色，通过检查发现问题并及时纠正，才能保证绩效飞轮持续快速转动。公司推行两会制度，要求员工在每个阶段都要对照目标，监控过程，并最终以结果为导向，进行周度和月度总结，并提交相应的改进措施。

4. 奖惩分明，价值主张清晰

在奖惩机制上，公司将员工的薪酬与绩效挂钩，构建了多元化、多层次的奖励机制。长期以来，公司坚持实行"低底薪+高绩效"，倡导"以薪换心"，注重提升员工的荣誉感，催生了员工对公司的归属感和责任感。

通过绩效飞轮，公司从源头上激发了员工的工作动力，取得了更有效的激励成果。

四精管理工法

经验启示

绩效飞轮的核心在于激发员工的潜能和热情，使他们积极主动地投身于工作并追求卓越。只有在绩效机制设计上投入精力，才能实现企业与员工共同成长并双赢。因此，完善绩效考核体系需坚持以下四个方向。

（1）合理设定绩效目标。管理者需制定具体、可量化、能激励员工积极行动的绩效目标，以此激发员工潜力，推动绩效飞轮持续运转。

（2）强化绩效辅导。在设定绩效目标后，管理者应帮助员工探索实现目标的有效途径，通过知识分享、"传帮带"等方式提升员工的能力。

（3）构建评估检查体系。绩效飞轮需定期评估、检查员工绩效，以便及时发现并纠正偏差，确保绩效飞轮正确运转。

（4）明确奖惩机制。管理者需明确表达价值主张，对达成目标的员工给予奖励，对未达成目标的员工实施惩罚，形成制度和文化。

管理金句

> 伟大的成就不是通过一蹴而就，而是通过持续的努力和耐心实现的。
>
> ——埃尔伯特·哈伯德

第二节　360度考核：收集全视角评估信息

◎ 概念阐述

360度考核也称为全面考核法，与传统的自上而下的单向评估不同，它强调从与员工工作相关的多个角度收集考核信息。这种方法不仅包括上级的评价，还涵盖同事、下属甚至客户的反馈，以形成一个全面的绩效画像。通过这种方式，员工能够从多个维度了解自己的优势和劣势，进而促进个人发展。

◎ 形成背景

360度考核法起源于20世纪80年代，由美国学者爱德华兹和艾文提出，并在一些企业中不断应用、研究、发展而形成。1993年，该方法被《华尔街日报》和《财富》杂志报道后，迅速受到业界的广泛关注与应用。

◎ 实操方法

1. 明确考核者的范围

在实施360度考核的过程中，考核者应熟悉被考核者的工作，避免让与被考核者无业务联系的人参与评估。360度考核可根据不同企业和个人

四精管理工法

情况调整为 90 度考核、180 度考核或 270 度考核，不能一概而论。

2. 确定考核要素

360 度考核法对不同层级和职位的考核指标是不一样的。例如，高层管理者的考核涉及目标设定、领导力、决策能力和协调能力；普通员工的考核包括责任心、纪律性、工作效率和专业技能；研发人员的考核则侧重于创新成果；财务人员的考核应注重精确性和对财务规章的遵守。

3. 确保考核标准成为共识

为防止考核标准流于形式，确保所有考核者正确理解考核内容和标准，应对考核者进行培训，帮助他们对考核标准达成共识。

4. 保持考核执行的一致性

由于 360 度考核涉及人员非常广，信息收集可能需要不同的组织者在不同场合进行，为保持考核的一致性，应统一指导原则，减少组织者的主观影响。

应用案例

360 度考核法能够精确地描绘组织内部的协作状态，从而提高绩效考核的准确性，因此，许多知名公司都将其纳入了他们的绩效管理体系。

脸书使用 360 度绩效评估时，遵循两个核心原则：一是它重视员工的贡献度；二是它致力于提升评估的客观性和公正性。对于贡献度，脸书的绩效评估不仅关注员工的技术水平和开发效率，更看重他们对公司的实际贡献。即使技术高超，但如果员工对公司的贡献不足，他们的绩效评价也不会高。对于客观性和公正性，脸书评估的是员工对公司的贡献，而不仅仅是对团队的贡献，因为对团队的贡献最终也需要反映到对公司的贡献上。这种衡量方式鼓励员工关注公司的整体利益，避免团队利益与公司利益发生冲突。

为了提高绩效考评的客观性和公平性，脸书在360度绩效考评中主要做到了以下几点。

（1）每一条评价都要有事例支持。

（2）员工给其他同事做评价的质量，也是他自己绩效考评的重要组成部分。这样可以保证每个人都尽量客观地评价。

（3）意见的收集、覆盖的人群要全面，包括同事、自评、上下级。在给自己选择评价人时，要选择对自己的工作比较了解，可以做出客观评价的同事。

（4）最终决定绩效结果时，避免出现主管一言堂的情况发生。

脸书的360度绩效考评系统的核心，是通过收集同事之间的反馈来评价员工对公司的贡献，尽量关注公司的整体利益而不是小团队的局部利益，尽量收集客观的具体实例来评估贡献而不是简单依赖于数字，大大提高了绩效考评的客观性和公正性。

◎ 经验启示

企业在应用360度考核法时，应注意以下几点。

（1）明确考核指标。在实施360度考核时，设定合理的考核指标至关重要。企业可选择能够追踪目标和进度的工具，如KPI或OKR，与360

四精管理工法

度考核相结合，对绩效考核指标进行全覆盖。

（2）精选评估人员。选择评估者时，应涵盖360度考核的维度所涉及的角色。优先选择与被考核者互动频繁的人员，同时根据团队工作重点和员工职责，选择与之相关的评估者。例如，对于以客户为中心的销售岗位，可以增加客户代表的评估者数量，而对于同事或合作者的评估者数量，则应适量选择。

（3）合理设定评审周期。360度考核的评审周期建议设置为2至3个月，周期过长可能导致人们对细节的记忆模糊，影响评价的准确性；周期过短则可能占用过多资源，且不足以体现改进效果。

管理金句

绩效评估的目的是帮助员工提高，而不是惩罚。

——杰克·韦尔奇

第三节　平衡计分卡：沿着战略轨道均衡发展

◎ 概念阐述

平衡计分卡是一种基于企业战略的新型绩效管理工具，覆盖财务、客户、内部运营、学习与成长四个方面，能够将企业战略转化为具体可操作的衡量指标，可全面评估企业的总体业绩。这四个方面的目标来源于企业的总体发展战略，将企业的愿景和战略逐步分解，确保战略可执行。

◎ 形成背景

平衡计分卡由哈佛大学的罗伯特·卡普兰教授和来自波士顿的顾问大卫·诺顿于1990年联合创立，被《哈佛商业评论》评为20世纪最具影响力的75个理念之一。历经30多年的发展，平衡计分卡已被广泛应用于企业、政府、军队、非营利组织等多个领域的管理实践中。

◎ 实操方法

企业可以通过以下步骤应用平衡计分卡。

四精管理工法

1. 基本层面设计

在制定平衡计分卡时，应依据公司战略确定其基本考核层面，通常涵盖财务、客户、内部运营和学习与成长四个关键领域。财务层面着重评估企业的盈利能力、收入增长和成本控制，为其他三个层面的目标设定和指标选取提供基础；客户层面则关注产品特性、客户满意度和企业声誉；内部运营层面涵盖运营管理、客户服务、创新流程和合规性；学习与成长层面可通过评估人力资本、信息资本和组织资本的发展来考量。

2. 构成要素确定

基本层面设计完成后，需要为各领域设定目标，并针对每个目标确定其指标、目标值、行动方案和预算。目标可以被分解为长期、中期和短期目标，并进一步细化为组织目标、部门目标和个人目标；指标是衡量目标达成情况的工具，既包括财务指标也包括非财务指标；目标值是组织期望达到的具体绩效结果，通常以带有时间限制和数值的具体表述形式，将目标和指标转化为期望在一定时期内实现的状态。通过设定有时间限制和量化的目标值，可以把抽象的目标转化为明确的绩效任务；行动方案是有时间限制的、具体的项目或计划，旨在明确实现战略目标的路径，帮助组织达成目标绩效；预算则为战略行动计划提供必要的资金支持。

应用案例

20世纪90年代，美孚石油公司北美区营销炼油事业部（以下简称美孚NAM&R）通过平衡计分卡制定客户聚焦战略，形成战略地图，在商业发展中获得了巨大成功。

美孚 NAM&R 的平衡计分卡包括财务、客户、内部运营和学习与成长这四个层面。在财务层面，将投资资本回报率从 7% 提升至 12%；在客户层面，强调"让客户有愉快的消费体验"及"双赢的经销关系"；在内部运营层面，确定了对战略实现产生决定影响的关键流程，包括确立经销优势、增加客户价值、培育成本优势等；在学习与成长层面，突出了组织文化、员工核心能力和战略性信息获取能力等无形资产的重要性。基于这四个层面，美孚 NAM&R 构建了包括 26 项指标的平衡计分卡体系，如投资资本回报率、净现金流、净利润率和吨油成本等，以实现客户聚焦战略。

◉ 经验启示

在应用平衡计分卡时，企业需注意以下几个关键点。

（1）维持管理的均衡。在绩效管理中，企业需兼顾内部员工与外部客户的平衡、长期战略发展与当前管理改进的平衡、财务成长与学习发展潜力的平衡。通过多维度的平衡，将各部门目标与企业战略紧密结合。

（2）确立绩效管理责任制。企业需明确财务、客户、内部运营和学习与成长这四个层面的目标、指标、目标值、行动计划及预算，并确立绩效管理责任制，定期审核，以确保绩效评价的准确性。

（3）始终以战略为核心。企业应始终坚持战略导向，从战略执行的角度出发，通过财务、客户、内部运营、学习与成长这四个层面来确定考核指标和行动计划，确保战略落地。

四精管理工法

第四节　OKR 工作法：聚焦于寻找并实现目标

◎ 概念阐述

OKR（Objectives and Key Results），即目标与关键结果法，是一种绩效管理手段，用来确定和跟踪目标及其完成情况，目的是让员工能够密切协作，把注意力集中在那些有助于推动组织发展的可量化工作上。"O"是目标，通常指的是经过一段时间的努力能够实现的富有挑战性的目标；"KR"是关键结果，是实现目标的"阶梯"，一般情况下，每个目标都有 2～5 个关键结果，并有明确、量化的表述（图 3-4）。

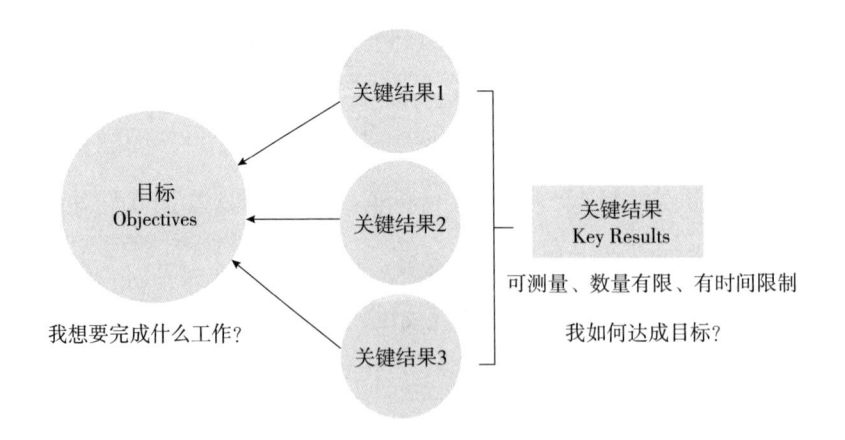

图 3-4　OKR 释义

形成背景

彼得·德鲁克于 1954 年在他的著作《管理的实践》中，提出目标管理法包括三个部分：制定目标、层层分解目标并量化评价指标、建立目标评价的反馈机制，初步建立了明确目标并对关键成果进行定量评价的理念。

20 世纪 70 年代，英特尔公司推行核心技术战略转型，CEO 安迪·格鲁夫创立了一套英特尔的目标管理法，区别于传统的目标管理，此目标管理法更加强调目标、关键结果和动机的结合，强调自上而下和自下而上共同讨论制定，后来演变成了 OKR 工作法。

实操方法

1. 团队 OKR 创建流程 CRAFT

OKR 的创建一般遵循"CRAFT"原则，即 Create（创建）、Refine（精炼）、Align（对齐）、Finalize（定稿）、Transmit（发布）。具体操作见表 3-3。

表 3-3 OKR 操作步骤

序号	步骤	操作
1	Create（创建）	根据管理层级召集相应的管理团队进行头脑风暴，采用分组讨论形式，将成员分成 2～3 人一组，每组拟定 1～3 个目标 O，每个目标拟定 2～5 个关键结果 KR
2	Refine（精炼）	在团队管理层的全体会议上，对拟定的 OKR 进行集体讨论、修改，初步确定年度和季度 OKR
3	Align（对齐）	各团队将 OKR 与其他团队和企业高层讨论，衡量是否和其他团队及企业保持一致，互相支持；个人 OKR 的校准工作可以在个人和其上级之间展开，由上级根据团队和企业目标对个人 OKR 提出修改建议

四精管理工法

续表

序号	步骤	操作
4	Finalize（定稿）	根据讨论结果修改OKR，并向上级汇报OKR的设计理念、设计过程，以及与其他团队产生的承诺，获得批准后，形成最终定稿
5	Transmit（发布）	沟通OKR并且视觉化OKR，团队和企业OKR要向所有人公开，保证可见可沟通

2. OKR工作法的实施步骤

（1）设定目标（O）和关键结果（KR），确定OKR。

（2）通过四象限法，实施OKR。

（3）定期审视关键结果，评估OKR。

（4）及时反馈信息，全员沟通优化调整，复盘OKR。

◎ 应用案例

字节跳动科技有限公司于2013年开始推行OKR，并通过自研的一站式协作平台——飞书，来实现OKR的功能搭载和内部运转。通过飞书平台，能够运用算法优化各个环节，在协同中解决部门对接过程中的内耗问题，提高工作效率。同时，在公司内部成立了一个OKR提高组，专职负责OKR推广和落地，通过高层带动、趣味宣传和内部培训，让OKR得以融入日常工作。

一个完整的飞书OKR周期包括制定、对齐、跟进和复盘四个阶段。

（1）制定。管理人员和员工分别填写O和KR，授权范围可以查看。

（2）对齐。系统实时提醒需要协作的对象，包括上级、下级和协作方，去对齐需要支持的 O 和 KR，完成后可在对齐视图中查看目标对齐情况。

（3）跟进。员工及时更新 KR 进度，授权范围可以查看当前进展；管理人员将 OKR 与周会/月会结合，围绕目标进度召开例会。

（4）复盘。员工在期末进行 KR 打分，复盘目标完成情况；管理人员利用文档、例会等方式对本周期目标完成情况进行复盘。

飞书 OKR 的制定与实行，与字节跳动的企业文化息息相关。作为成长的科技企业，字节强调人人平等，鼓励发表不同的意见；要求高效会议，在畅所欲言的同时言简意赅；重视"参与感"，激发员工创业动力。无论是在 OKR、工作实务，还是日常小事上，飞书都强调包括年轻员工在内的全体人员的共创。长此以往在这样真实、迅速的信息反馈中，飞书得以更加高效地打磨产品，即便是最基层的青年员工也能够被激发出主人翁意识，自然而然地认真对待 OKR，不仅极大地降低了沟通成本，提高了协作效率，也逐步将企业文化培育了起来。

◎ 经验启示

为更好实施 OKR 工作法，企业、团队及个人三个层面分别应具备如下条件：企业要有清晰的战略目标及目标管理导向；企业、各部门、各团队及员工都要有自己的 OKR，且是公开的；企业要营造开放的沟通氛围；高层管理团队一定要有耐心；企业内部应培养自己的 OKR 专家。

此外，在应用 OKR 工作法时要注意以下三点。

（1）在应用之前，对员工进行全面的培训，层层宣导 OKR 的理念与方法，营造自下而上、共建共享、公开透明的企业文化。

四精管理工法

（2）组织架构设计应坚持挑战与创造性共存的原则。在应用过程中，应适时进行评价与交流，测量O的挑战性与KR的创新性，并及时调整与优化。

（3）OKR一般不和业绩关联。OKR并非传统的绩效评价工具，而是目标管理和沟通的工具。如果完全由OKR分数决定奖惩，那么制定富有挑战性的目标会变得非常困难。同时，应用过程中应依据组织的具体情况和实际需要进行调整。

管理金句

目标是成功的起点。

——比尔·盖茨

第五节　PBC 考核：以承诺为核心的绩效管理循环

概念阐述

PBC（Personal Business Commitment），是根据企业的战略、业绩目标和岗位责任而设定的个人绩效承诺，是在员工与上级主管持续的一对一的沟通中形成的。它以承诺为核心，强调目标自上而下、承诺自下而上，主要包括目标设定、绩效辅导、绩效评估及绩效反馈这四个阶段（图 3-5）。

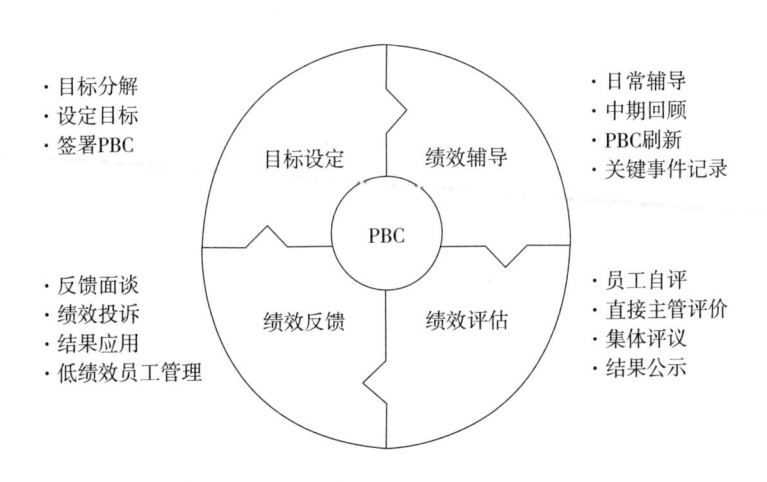

图 3-5　PBC 绩效管理四阶段

四精管理工法

形成背景

IBM 于 1996 年推出 PBC 绩效管理系统，对应的承诺（结果评分）包括三个方面。

结果目标承诺（70%），偏结果导向，指必须完成的业绩目标；

执行措施承诺（20%），偏过程导向，指付出的努力和完成的过程；

团队合作承诺（10%），指为了完成目标需要的团队合作，要把团队合作作为思考的习惯和出发点。

PBC 要求每一位员工都必须清晰理解公司的战略目标和部门的业绩目标，聚集工作重点，发挥团队优势，达成承诺目标。

实操方法

实施 PBC 绩效管理，主要有以下六个步骤。

（1）制定平衡计分卡和战略地图，明确战略目标。

（2）将战略目标分解为 PBC 业务目标。

（3）依据 SMART 原则，由上级主管与员工共同设置 PBC 考核指标。

（4）开展绩效评估，强制分布评级。

（5）进行绩效面谈，收集结果反馈。

（6）应用评估结果，推进绩效循环。

应用案例

华为公司制定目标和绩效评价有两个考量维度："多产粮食"和"增加土地肥力"。多产粮食，是业务目标，主要包括销售收入、利润、优质交付、提升效率、账实相符等，考核的是当期业绩；增加土地肥力，主要包括战略贡献、客户满意度、有效管理风险、流程及手册建设、组织及团队建设等，考核的是支撑企业长期发展的能力和资源建设。因此，PBC 考核指标主要包含三个部分：业务目标、员工管理目标和个人发展目标。其中，业务目标是指经营业务类目标，该目标与公司战略目标要求、部门业务策略要求相一致，由关键绩效指标（常规性指标）与核心工作任务（动态性指标）组成。通过对公司、部门的指标进行分解，结合岗位职责及工作要点，确定工作重心，指标数量控制在 7~10 项。员工管理目标体现了管理者对员工的高效领导，只针对管理层人员设置，强调团队建设、培养下属，指标数量控制在 3~4 项。个体发展目标在于提升实现业务目标和管理目标的能力，并实现个人发展计划或其他目标。每位员工在管理人员的协助下设置个人的发展目标，不断激发员工自身潜能，从而推动个人和组织绩效的提高，指标总数控制在 2~3 个。

华为公司 PBC 的实施过程如下。

（1）设置组织关键绩效指标。在明确企业文化、使命愿景和价值观的基础上，制定企业战略目标，结合年度经营预算计划，分解出年度关键绩效指标。

（2）分解绩效目标，并签署工作计划书。目标的设定需要由直属管理者和员工共同完成，直属管理者应向员工提供绩效结果，要求他们对结果指标及行为指标做出事先承诺。

（3）回顾绩效表现，进行辅导与考核。直属管理者和员工就日常表现进行回顾和复盘，并制定改善方案。通常情况下，绩效考核结果包括员工自评和上级评价，上级向员工反馈结果，经双方确认后，交人力资源部存档备案，不对外公布。

四精管理工法

其中，绩效等级分为：

PBC=A：优秀。完成卓越的工作，极大超出预定工作目标，工作表现高于他人，并为他人提供较大帮助。通常由团队讨论决定。

PBC=B：良好。工作表现符合或部分超出预定工作目标，表现较为出色，并能适当帮助他人。通常由直属管理者决定。

PBC=C：合格。基本完成预定工作目标，没有重大失误。通常由直属管理者决定。

PBC=D：有待提高。未完成预定工作目标，在许多方面都有明显失误。通常由团队讨论决定。

经验启示

实施PBC绩效管理需要参考以下四点原则。

（1）逐层承诺。将绩效目标以PBC承诺书的方式进行层层分解，要求员工在考评阶段开始时签署本人的PBC承诺书。

（2）双向沟通。在企业内部建立双向沟通制度，直属管理者和员工之间要进行充分交流，并在绩效评估过程中形成一致意见。

（3）相对贡献。员工的绩效评估，除了要依据业绩目标的完成程度，还要与同部门内的同事进行比较，体现出相对贡献，尽可能地做到客观公平。

（4）强制分布。考核结果遵照强制比例进行分布。

第六节　敏捷绩效管理：让员工与企业共同成长

概念阐述

敏捷绩效管理是一种变革性绩效管理，关注点从考核和排名转移到持续反馈和员工发展上。它能够对外部环境的改变做出迅速、灵活的反应，更加适合乌卡时代的需求（图3-6）。

图3-6　敏捷绩效

敏捷绩效管理从组织层面、员工层面这两方面实施。组织层面需对外部环境的改变和组织发展的需要做出迅速反应，主动调整战略目标和个体目标，使员工与企业战略目标保持一致。员工层面不仅只有每年的绩效面谈，而应以目标为导向，迅速反馈，敏捷辅导，及时激发员工潜能，激励员工快速成长。绩效管理的根本目标是企业与员工共赢，只有在这两个层面都达到"敏捷"，才能真正地达成这一目标。

四精管理工法

◎ 形成背景

2001年2月，17位软件从业者联合提出"敏捷软件开发宣言"，强调协作、自组织、自导向及定期反思，以实时响应顾客反馈与需求变化。2011年，美国凯利服务公司率先提出终止年度业绩考核，并强调绩效管理过程中频繁、非正式的反馈。此后，德勤、埃森哲、普华永道、微软、戴尔等公司相继引入敏捷绩效管理理念，将员工发展与公司发展放在同样的高度，提倡关注未来的业绩，而不是评估过去。

◎ 实操方法

敏捷绩效管理本质上并没有脱离绩效管理的基本流程与方法论，只是在原有的环节上叠加了敏捷的要素。

1. 赋能直线管理者

一是进行体系化的专项培训，二是加强人力资源的协助、辅导、纠偏。

2. 绩效管理工具的选择

（1）多元化：随着企业规模增长和业务线增多，绩效管理工具需要根据不同业务的特性进行相应调整。

（2）一致性：为确保一定的管理一致性，可以将绩效管理工具包装成同一种名称，但是实操过程中需要针对不同部门有所侧重。

3. 绩效目标设定的方式

（1）公开、透明：并不是无底线、无保留，而是"有选择地"公开、透明。与业务推进相关的目标通常可公开，而对于相对敏感的目标（收购兼并、财务等）可以不公开。

（2）目标一致和责任感：确定了明确的战略目标后，要让各部门、员工了解并做出有效可衡量的目标分解，然后在企业内部实现目标共享和成果共享。

4. 绩效目标反馈与激励机制

（1）持续反馈：设置关键节点，及时复盘、调整和反馈。

（2）多方反馈：不限于直线经理与下属之间，还可以是跨部门、同事之间。

（3）及时激励：不限于奖金或晋升，采用多种精神激励方式。

（4）借助数字化工具与互联网力量：包括但不限于社交媒体、企业定制化的沟通软件、专门的绩效管理信息化工具等。

5. 绩效评价方式

（1）目标管理：将绩效评价与薪酬、晋升的关系进一步解绑，真正把绩效管理作为目标管理工具。除了目标完成情况，领导力、影响力、创新性、对组织的贡献度、与组织文化的契合度、稀缺性等，都是有效衡量员工是否优秀的关键维度。

（2）过程评价：在进行年度评价时，将过程中员工的表现作为参考依据之一。

四精管理工法

应用案例

2012年,奥多比公司面临离职率高、业绩下降的困难,管理层毅然放弃了采用排名评级和年度考核的传统绩效管理制度,转而实行一种新型绩效管理方法:Check In(核查)模式,即一种长期目标和短期考核相结合的方式,核心在于通过非正式的、频繁的绩效谈话,让管理人员和员工双向反馈,统一认识。实施新型模式有三大目标:一是所有员工必须知晓公司对他们的期望;二是所有员工和管理人员必须参与其中;三是这一体系应该给员工进步的空间和机会。

Check In 模式的具体操作步骤如下。

(1)策略制定。人力资源部门通过集思广益,向员工征集意见,共同创造新的评估体系。

(2)策略实施。首先是人力资源部门和管理人员共同组织培训,让大家了解掌握直至能够应用;其次是在正式场合和非正式场合,收集员工反馈意见;再次是至少每季度进行一次绩效谈话,要求管理人员提出明确目标、做出具体反馈,员工同时提供绩效反馈;最后是管理人员根据绩效谈话结果,自行决定如何分配年度福利和绩效奖励。值得注意的是,在实施过程中必须由管理人员全权掌控,不受人力资源部门的干预。

(3)策略改进。基于实施过程中出现的沟通障碍和个性化执行方式,人力资源部门将不断加入有用的工具和资源以支持绩效谈话,并根据反馈意见持续改进该模式。

"Check In"模式为奥多比公司带来了企业文化的积极转变,促进了员工与管理层之间的沟通,提高了员工的参与度和满意度,降低了自愿离职率,股价稳定攀升,为公司带来了积极的业务成果。

经验启示

实施敏捷绩效管理的企业需要具备以下条件。

（1）企业寻求转型。面临快速变化、竞争激烈的外部环境，企业自身处于高速发展期或战略转型期，正在寻求创新与突破。

（2）组织架构扁平化。公司架构相对扁平化，决策流程少，沟通壁垒少。

（3）企业文化开放。保持公开、坦诚、创新。员工能够理解个人目标与组织目标的联系，能够促进上下一致和部门协同；一线员工的创意和建议能够及时被管理层捕捉和采纳，促进目标调整的敏捷性。团队氛围简单真诚，互相提出建议并虚心接受。

（4）管理层认可。管理层非常认可并坚定推行敏捷绩效管理的理念和方式。

（5）员工支持。人力资源部门应在推行初期减少对既得利益的过多触动，更多设计增量指标，依靠增量收益引导员工往企业期待的方向转变。

实施敏捷绩效管理的过程中，需要注意以下两点：

（1）时刻聚焦目标。要时刻关注正确方向，引导员工聚焦重点，相互对齐拉通信息，做好调整迭代。

（2）衔接绩效评估。依据业绩完成情况、员工表现情况，制定合理有效的绩效评估方式，形成管理闭环。

> 四精管理工法

第七节 贝勃定律：用逐渐适应机制降低管理阻力

◎ 概念阐述

贝勃定律是一种社会心理效应，指当人受到某种强烈的刺激之后，再施予的刺激对他（她）的影响就会降低，这是人的一种心理调节机制。举个例子，如果每升油价从5元钱上升到10元钱，人们会觉得很难接受；但2000元的手机，涨价100元也不会引起太大的反应。

◎ 形成背景

意大利心理学家贝勃曾做过一个实验：一个人将300克的砝码放在右手，将305克的砝码放在左手时，并不会感觉到有多少差别，直到左手的砝码增加到306克时，才会感觉有点重。如果右手举着600克，那么左手举起的重量要达到612克时才会感觉有些重。这意味着，最初的重量越大，后面必须增加更多的重量，才能够感受到差别。这种现象被称为贝勃定律。

◎ 实操方法

无论哪种管理方式都会引起员工正向和负向的反应，所以管理机制的设计和执行应当充分考虑贝勃定律现象，能够通过不同程度的刺激来消除可能产生的冲突，或者实现事半功倍的效果。比如，刚开始推行激励机制的时候，先试行一段时间，测试员工的反应和接受程度，同时再逐渐加码；当刺激逐渐降低时，就需要考虑其他的管理方式进行系统调整。

◎ 应用案例

某公司准备给员工发奖金，计划将 4 万元的奖金分成 4 个批次发放，制定了以下五个方案。

方案一：每一次都发放 1 万元，4 次刚好发完 4 万元。每一次发放的奖金都很平均，没有任何波动。

方案二：第一次发放 4000 元，第二次发放 6000 元，第三次发放 1 万元，第四次发放 2 万元。从第二次开始，每一次发放奖金的增长幅度都要比之前大。

方案三：第一次发放 4000 元，第二次发放 8600 元，第三次发放 12400 元，第四次发放 15000 元。奖金增长的幅度正在逐步下降。

方案四：第一次发放 4000 元，第二次发放 8000 元，第三次发放 12000 元，第四次发放 16000 元。奖金增长的幅度是一致的。

方案五：第一次发放 4000 元，第二次发放 15000 元，第三次发放 9000 元，第四次发放 12000 元。发放金额先高后低，在突然大幅增加之后，又再次降低，没有什么规律。

从总量上来说，每种方案都是一样的，但从激励的角度来说，存在一些细微的差异。正是这些细微的差异影响着员工的心理预期，决定着制度的激励效果。方案一注重的是平均数，每一次的金额都是相同的，并没有特别的惊喜；方案二是逐次增加，而且增加的幅度越来越大，对员工的刺

四精管理工法

激也是在不断增加的；方案三中虽然在不断增加，但是增加的幅度不断降低；方案四中每一次的增长幅度都一样；方案五中则增降交错，而且由于第一次增加的幅度很大，以致后面的奖金发放会让员工逐渐失去兴趣，以至引发失落感。因此，在以上方案中，方案二的激励效果最好，因为员工会发现自己的奖金越发越多、增幅越来越大，得到的刺激也越来越大，这样他们的内心积极性就会持续得到激发。

经验启示

贝勃定律是适合连续使用的有效方法。在激励员工时运用贝勃定律有以下两点需要注意。

（1）幅度的变化。最初不能太高强度，因为员工都有自己的承受界限。如果一开始没有控制好强度，那么激励机制注定会失效。

（2）方式的变化。一种刺激开始减弱时，注意搭配使用其他的激励方式多管齐下，例如一对一深度沟通、公开表扬等。

在管理工作中运用贝勃定律，有以下三点启示。

（1）理性分析事实。不要随意凭感觉下定论，虽然感觉很敏感，但是它存在认知偏差，应该尽可能地保持对事物本质的理性思考。

（2）合理管控预期。人在心理上是逐渐适应的，不能操之过急，在一个平稳的区间才能保持平稳的心理状态。

（3）有效利用资源。资源是稀缺有限的，要兼顾长期价值和短期利益，并能在关键时机给予强有力的刺激，以达到效果最大化。

第三章 团队管理

第一节 古狄逊定理：不做被累坏的管理者

◎ **概念阐述**

古狄逊定理是由英国证券交易所前主管 N·古狄逊所提出的，他强调真正的管理精髓不在于管理者亲力亲为，而在于如何有效地指导和激励他人出色地完成工作。管理是一种通过他人实现目标的艺术。一个时常感到疲惫不堪的管理者，表明其管理技巧有所欠缺，堪称管理上的失败者。

◎ **形成背景**

在现实工作情境中，我们常观察到一些管理者深陷于繁忙之中，即便他们尝试将任务分配给下属，也常因担忧任务完成质量而最终亲自上阵，导致自己身心俱疲。诚然，优秀的管理者需对业务有深入了解并具备出众能力，但个人能力的突出并不等同于管理能力的卓越。管理的精髓，并不在于管理者事事亲力亲为，而在于如何激发并引导他人出色地完成任务。

管理者倾向于把艰巨任务留给自己，认为亲自操刀更为稳妥，往往是出于对他人能力的低估。然而，企业的成长与壮大不能单纯依赖个别管理

四精管理工法

者的努力，它必须建立在全体员工积极贡献的基础之上，利用他们的才华与智慧，集合团队的力量推动企业前行。即便是能力非凡的领导，也需要借助团队中其他成员的智慧与潜能。

◎ 实操方法

在团队管理中，为了不被累坏，管理者可以做如下尝试。

1. 树立管理者角色认知

作为管理者，要清晰地认识自己的角色，经常对自己进行心理暗示，尤其是新晋管理者，需要不断告诉自己角色已经变化了，要以管理者的身份去思考问题、安排工作。管理的本质是有效激励别人去执行任务，而不是自己替员工完成任务，具体的工作要合理分配给员工。管理者需要调整"我擅长就由我来做"的心态，管理者有管理者的职责，员工有员工的职责。犯错是难免的，管理者应接受可控范围内的错误，员工的失误在一定程度上是团队培训成本的一部分。员工只有通过犯错才能成长，员工成长，团队才能不断进步。

2. 从完美导向向结果导向转型

管理者之所以能够从众多员工中脱颖而出成为管理者，一定是在某些方面展现出了追求最佳效果的完美导向。追求完美本没错，但管理者在某些情况下若过度追求完美，可能导致成本更高，错过最佳时机，打击员工信心。管理思维更多要求的是结果导向，即在确定的时间节点达到预期目标，以目标为前提，结果为导向，提高执行力。

3. 分享经验方法，允许自由创造

作为管理者，需要不断总结好的经验做法，并且分享给员工，让他们去学习和借鉴，达到共同进步的目标。在此过程中，管理者需要区分是好的经验方法还是管理者的个人习惯，如果仅仅是个人习惯，不必要求所有员工必须保持一致，要给到员工足够的自由发挥空间，允许自由创造。

◎ 应用案例

某公司的新晋管理者小 A，在被提拔前曾在公司做了五年的工程师，业务能力突出，工作成绩显著，因此获得了领导和同事们的信赖。由于部门直属领导被调走，小 A 有机会做了部门的负责人。可是小 A 刚上任没有多久，就遇到了人生第一个管理问题：员工能力不足。

小 A 交给员工做的事，收到的反馈令他非常不满意，他要求员工拿回去重做，可是员工重做之后还是达不到他的预期。由于项目时间非常紧迫，于是小 A 狠狠地骂了员工一顿，然后说"算了，还是我自己来做吧。"最终的结果是，小 A 确实用更少的时间做出了更好的成绩，但是项目结束之后小 A 就大病了一场，同时也耽误了其他管理工作。

康复后的小 A 反思这样下去肯定是不行的，于是他开始调整策略。小 A 首先用一周的时间将自己做工程师时的项目资料进行了整理，总结归纳了一些他平时觉得工作起来非常有用的工作方法，然后将部门员工组织起来，用两天时间做了专项培训。培训结束后，小 A 针对每一名员工目前的能力状况，布置了不同的任务，并明确了目标、要求和时间节点。在员工完成任务期间，小 A 不定期对员工进行辅导。就这样，小 A 坚持了两个

四精管理工法

月后，发现员工们完成任务的质量越来越高，自己也没有那么疲惫了，同时，员工们的自信心大增，团队的氛围也越来越好。

经验启示

1.管理者必须迈过的第一道坎：下属的工作能力都不如我

在管理者选拔过程中，往往那些专业技能最为突出的员工更容易受到青睐。然而，这些能力出众的个体，由于对工作的高标准、严要求，以及对细节的低容忍度，可能会倾向于低估下属的工作表现。对于新晋管理者而言，首要的心理挑战便是认识到并非所有团队成员都具备与自己相同的专业水平。因此，他们必须跨越这一认知障碍，给员工成长的机会以及提升自我的空间，并认识到团队成员的成长是企业整体进步的重要一环。

2.管理者做管理者的事情，员工做员工的事情

在组织架构中，管理者与员工各自承担着不同的职责与任务，清晰界定各自的角色与职责至关重要。一个常见的管理误区是，当管理者对员工的工作成果感到不满时，便倾向于放弃指导而亲自上阵。这种做法虽能暂时解决问题，却会让管理者愈发忙碌，而员工则错失成长的机会，缺乏成就感。

3.管理的真谛就是管理别人做好事

管理者的核心价值在于促进团队协作，从而创造出超越个体总和的更大价值。管理的本质，并非管理者亲自执行任务，而是指导并激励团队成

员积极投入工作。实现这一目标，既需要管理者为下属提供成长的空间，提升其执行任务的能力，也要求管理者懂得适时授权，让团队成员在实践中锻炼与成长。

管理金句

管理的艺术在于知道不该做什么。

——约翰·艾略特

四精管理工法

第二节 X-Y理论:"胡萝卜加大棒"与"启发诱导"

概念阐述

X理论与Y理论构成了一对基于截然相反前提的学说体系,X理论秉持的观点是:大多数人本性倾向于懒惰,会尽可能逃避工作;多数人缺乏进取心,宁愿接受批评而不愿承担责任,将个人安全置于首位;对多数人而言,必须采取强制与诱导并用的管理手段。相比之下,Y理论则持相反立场,它主张:人们并非天生排斥工作,多数人愿意主动承担责任,并具备一定的创新能力和想象力;实现组织目标不仅限于依赖控制与惩罚,还可以通过满足员工的情感需求、尊重需求及自我实现需求,使个人与组织的目标相协调,进而提升生产效率。这便是麦格雷戈所提出的人性假设与管理策略理论。

形成背景

X理论与Y理论,是探讨个体工作驱动力的管理学理论,由美国心理学家道格拉斯·麦格雷戈在其1957年的著作《企业的人性面》中首次阐述。麦格雷戈主张,人的行为模式并非源自天性,而是企业管理实践塑造的结果。如同生理需求的剥夺会导致疾病,情感、地位及自我实现等高级需求的缺失同样会引发心理与行为上的病态。个体表现出的消极、对抗及逃避责任的态度，实则是其社会需求与自我实现需求受挫后的外在反映，被视为心理疾病的征兆。鉴于此，迫切需要一种基于对人类特性及行为动机更深刻理解的全新理论框架。麦格雷戈着重指出，作为企业核心的生产主体，员工的主观能动性占据主导地位。他们乐于投身工作，勇于担当，且大多数人具备解决问题的创意与潜能。关键在于，管理实践如何有效激发并引导员工的这些内在能力与积极性。

◉ 实操方法

1. 胡萝卜加大棒

胡萝卜是激励，通过激励激发员工自发产生内在动力；大棒是施压，通过压力迫使员工产生前进的动力。"胡萝卜加大棒"意思就是必须要赏罚分明，根据不同情况、不同管理对象，合理使用激励或施压，使被管理对象的工作效率达到最佳状态。

2. 对不同情况的员工采取不同的策略

受基因和成长环境等因素的影响，不同的员工 X 和 Y 的比例是不同的。作为管理者，对不同情况的员工采用的胡萝卜和大棒的比例也不相同。对于主动性和责任心强的员工应多采用胡萝卜激励手段，对于懒惰消极的员工应多用大棒施压迫使其前进。

3. 对员工启发诱导，激发 Y 的作用

作为管理者，要为员工提供能自由创造和有意义的工作环境来促进和激发员工的积极行为。这可能包括创建一个团队合作的文化，提供培训和

四精管理工法

发展机会，鼓励员工在工作中发挥自己的优势和创造力等。同时，管理者需要提供反馈和支持，帮助员工发现和改进自己的工作表现，包括提供有关员工表现的实时反馈、教练和支持等。

应用案例

某销售公司的工作氛围不太好，很多员工的工作积极性不高，不愿意主动开口销售，销售业绩在整个大区垫底。新的领导D总上任后，想要改变目前这个局面，因为该销售公司以往有很好的销售传统，也做出过非常好的成绩。

D总首先从考核机制入手，根据往期销售数据，制定了基础销售任务，销售人员若完不成基础销售任务，收入会较之前有所降低，同时对超出基础销售任务的部分实行阶梯型奖励，卖得越多奖励越多。

起初，部分员工并不支持领导的做法，继续"躺平"，认为多销售的物质奖励对自己不重要，不是很在意，尤其是员工S对领导抵触情绪很大。D总进行调研后发现，大约有一半的员工是这样的态度。D总并没有对这一半员工采取惩罚措施，而是开始针对另一半能够积极工作的人员进行培养。他找来了原本销售好的先进典型来分享经验，并亲自为大家上营销课，为员工讲解销售任务好能够得到的奖励数额。此外，D总重点培养了2名活跃员工，他们成了当月的销售冠军，并拿到了以往两倍的收入。其他积极工作的员工的收入也都不同程度地提高了，业绩较差的员工也确实被扣了奖金。

一段时间以后，观望和落后的那部分员工也开始积极行动起来，而员工S依然我行我素，尽管他在组织内具有很大的影响力。D总多次找员工

S谈话，肯定他对公司的贡献，相信他的能力，并帮助他做好个人职业规划。通过这些努力，D总与员工S成了朋友，员工S开始展现出积极的变化，并且带动身边的人更好地投入工作。经过一年的努力，该销售团队在当年取得了史无前例的好成绩。

经验启示

1. 为员工提供合理的薪酬激励

激励的本质，是运用各种激励工具，满足业务的需求，激发员工活力，使其能够最大限度地、自觉地发挥积极性和创造性。激励是一个整体回报体系，包含物质激励和非物质激励。其中，薪酬激励作为重要组成部分，起着尤为关键的作用，所以在组织内，愿意为组织做出积极贡献的人就应当获得丰厚的物质报酬。

2. 适度惩罚，才是维持公平的管理

一个组织中，如果只有激励，没有相对应的惩罚措施，那么这个组织将会是一个有失公允的组织。长此以往，绩效好的员工会感觉到不公平，影响其工作积极性；绩效不好的员工也容易滋生"躺平"或"摆烂"心态，不利于组织的发展。因此，适度的惩罚也是管理者实现有效管理的手段之一。

3. 管理者要在辅导支持员工上下功夫

管理者的一项重要工作，就是做好员工的支持辅导，提升每个人的能力。管理者需要投入时间和精力为员工提供辅导，帮助他们了解任务如何

四精管理工法

完成，并且要给员工设定明确的目标，告知他们完成目标后的结果，最好能与绩效挂钩。在辅导过程中，管理者还要做好反馈与指导，放下姿态、真心实意地和员工一起直面问题，帮助他们寻找解决办法。同时，管理者还应给员工提供施展才华的空间，让他们在工作中感受到成就感和社会认同感。

管理金句

奖励和惩罚是管理者的两种工具。

——彼得·德鲁克

第三节　格雷欣法则：避免一般人才驱逐优秀人才

◉ **概念阐述**

格雷欣法则是一项经济法则，亦称"劣币驱逐良币"法则，它描述了在双本位货币体系下，当两种货币并行流通且其中一种货币贬值，即其实际价值低于另一种货币时，那些实际价值高于法定面值的"优质货币"会被广泛收藏并逐渐退出市场流通，而实际价值低于法定面值的"劣质货币"则会充斥市场，从而引发货币流通的不稳定性。

在各类市场竞争环境中，若竞争行为突破了基本的道德和规则底线，往往会引发商品整体的质量下滑。这正是格雷欣法则在现实世界中不断得到验证的核心所在。

◉ **形成背景**

400多年前，英国经济学家托马斯·格雷欣观察到了一个有趣的现象：在流通中，当两种名义价值相等但实际价值不同的货币共存时，具有较高实际价值的货币（即良币）往往会从流通中消失，被人们收藏、熔化或输出国外，而实际价值较低的货币（即劣币）则会充斥整个市场。

尽管格雷欣法则原本主要应用于货币与金融领域，但它在商业领域也展现出了一定的普遍适用性。例如，在某些企业内部，由于旧有的人事管

四精管理工法

理和薪酬制度存在惯性等因素，可能导致普通员工的薪酬水平高于优秀员工，这种现象类似于劣币驱逐良币的效应，对优秀员工产生了一定的排挤作用。

实操方法

在团队管理中，为了避免一般人才驱逐优秀人才，管理者可以做如下尝试。

1. 给优秀人才充分的发挥空间

团队稳定固然重要，但过于稳定可能会形成团队依赖，养成团队工作惯性。管理者可采取定期或不定期团队双向选择的方式，重新生成团队，优秀人才会有更大的发挥空间，一般人才也会感受到竞争压力，提高工作能力，从而提升工作效率。

2. 提供尽可能高质高价的薪酬制度

员工的薪资是体现一个人价值最直观的数字，也是企业对员工最直接的认可。企业的 HR 和管理者对于团队人员的配置、具体的工作量及工作的质量，需要有一个明确科学的绩效体系，让所有的员工感到公平，无论是晋升还是涨薪，都有数据可循。绩效好的员工应该获得更多额外的奖励，这会让具备优秀能力的员工享有优越感，更自发地努力工作来体现自我的价值。

应用案例

在某公司年会上,几位员工上演了一个节目,借以调侃公司内部的管理短板。节目中的歌词直白犀利,诸如"只想应付考核,不想踏实干活;干得累死累活,有成果那又如何,到头来干不过写 PPT 的",这些歌词深深触动了众多优秀员工的内心,映射出现实中企业团队中的"劣币驱逐良币"现象。

为了规避此类问题,全球知名的互联网企业谷歌采取了一项别出心裁的策略:每年年终,员工有权决定是留在当前团队还是转投其他团队。这一机制不仅充分尊重了员工的个人发展需求,还促使各团队积极发掘并重用杰出人才,有效预防了格雷欣法则的显现。此外,谷歌还为公司人才设计了与公司战略相契合的长期职业发展规划,将员工成长与企业蓝图紧密结合,使员工清晰了解自己在谷歌的未来路径、学习方向及成长目标。

经验启示

1. 关注优秀人才

格雷欣法则是一个为管理者敲响警钟的法则。作为企业的管理者,需要在管理中特别留意那些优秀员工的离职率,必须要清醒地认识到有才华有能力的人,完全可以找到适合自己的平台,未必一定会留在这个团队,要对优秀人才有更多关注甚至政策上的倾斜。

2. 建立完善的薪酬制度

在现代企业中,薪酬制度一定是高质高价的。对于优秀人才,在薪酬上是需要体现"区别对待"的,这样才会使得组织里的人感受到真正的公平,从而使薪酬制度真正做到激励人,促进业务的整体提升。

> **管理金句**
>
> 人才是企业的最大资产。
>
> ——杰克·韦尔奇

第四节　彼得原理：晋升并非合适的选择

◉ 概念阐述

在各种类型的组织中，一种常见的现象是，个体一旦被认定在某个层级上表现出色，便倾向于被晋升至更高层级，却因此到达其能力不胜任的位置。彼得原理，有时也被戏称为"步步高升"困境，广泛存在于现实生活中。当组织中有相当一部分人员被晋升至其能力范围之外的职位时，往往会导致机构臃肿、效率低下，优秀人才的潜力被埋没，整体发展陷入停滞。将员工晋升至其难以驾驭的岗位，非但不能视为对其成就的认可，反而可能阻碍其才能的发挥，并对组织造成不利影响。

◉ 形成背景

彼得原理是美国学者劳伦斯·彼得在对组织中人员晋升的相关现象研究后得出的一个结论。彼得本来是一名教师，他在工作中发现，整个教育系统，从教育部官员到学校校长、老师，很少有称职的人。比如他所在学校的校长，关心窗帘是不是挂得一样高、教室是不是安静、有没有人破坏花圃，但是不关心孩子们的教育问题。于是，彼得就决定申请转校。当他把申请信寄到教育部门后，信件却在寄到后又被退了回来，对方回信说："为了确保投递安全，教育部规定这类信件必须以挂号方式寄出，否则不予接收。请您按规定重新填写申请表格，重新投递。"这令彼得哭笑不得。

别人遇到这种事肯定会生气，但是彼得进一步思考这些事为什么会发生。他发现，这些事其实反映出的是有些人不能胜任自己的工作岗位。彼得进一步发现，工作不胜任现象非常普遍，从公共机构到私人企业，从基层员工到高层领导，可以说无处不在、见怪不怪，彼得在分析了千百个有关组织中不能胜任的失败实例后，归纳出了彼得原理。

实操方法

在团队管理中，为了降低彼得原理的影响，管理者可以做如下尝试。

1. 建立胜任力模型，设置合理的晋升标准

彼得原理与晋升制度有关，许多组织的晋升制度主要以员工的工作表现和资历作为评判标准。然而，这种制度忽视了一个重要的因素，那就是员工在不同职位上所需要的技能和能力是不同的。企业需要建立胜任力模型，设置合理的晋升标准，以便得到提拔的人员是能够胜任该岗位工作的，同时晋升标准需要足够明确及公开透明，让优秀的员工清晰地了解到自己离目标岗位的要求还有哪些差距。

2. 对潜力员工进行长期培养和储备

组织内部会出现"青黄不接"的情况，明明有领导岗位空缺，但是当下却无可提拔使用之人，有时会为了业务的完成而"拔苗助长"，提拔并不能够胜任该岗位的人员。长期不胜任的人员占据岗位会造成很大的负面影响。所以管理者需要有意识地对潜力员工进行长期培养和储备，让员工

的能力和现在的职位及未来的职位相匹配，这样员工做得不累，组织也更有效率。

应用案例

汽车修理厂的机械师 C 师傅，非常热爱机械专业，修理汽车的业务能力特别强，不管什么疑难问题，只要交到他手上，总是能够处理得非常完美。由于业务能力强、客户评价好，老板将其升职为修理车间的车间主任。但是当了车间主任以后，C 师傅还是动不动就自己撸起袖子修理汽车，这是他感兴趣并且擅长的工作，这样一来，本来负责这项工作的修车工人就被晾在一边了，还有很多等着他分配任务的工人也在一旁等着，结果车间任务大量堆积，交付时间总是被延迟。

就这样，C 师傅从一个优秀的机械师晋升成了无法胜任工作的车间主任，每天的工作对他来说都是煎熬，他也越来越不自信。一个月以后，C 师傅实在受不了，主动去找老板，要求返回汽车修理的岗位，老板答应了 C 师傅的要求，C 师傅高高兴兴地返岗了。

经验启示

1. 要改变单一的晋升标准

为了预防组织内部"不胜任"现象的发生，组织应当摒弃单一的晋升评判依据，避免仅凭个体在某岗位层级上的卓越表现，就断定其能成功胜任更高层级的职务。组织应当构建一套科学且合理的人员选拔与任用体系，该体系需能够客观、全面地评估每位员工的能力与素养，从而确保每位员工都能被恰当地安置在其能够胜任的岗位上。

2. 晋升不是奖励贡献的唯一方式

在组织中，表现出色的员工常会得到职位提升的嘉奖，然而，这一举措同时也可能带来"能力不匹配"的挑战。若将一位杰出员工提拔至其难以驾驭的职位，这非但不能视为恰当的奖赏，还可能阻碍其才华的展现，并给企业带来不利影响。因此，管理层应避免将职位晋升视为激励员工的唯一途径，而应建立更为周全的激励体系，更多地考虑通过薪资增长、额外休假等形式来奖励员工。

管理金句

在复杂的组织中，重要的是把合适的人放在合适的位置上。

——彼得·德鲁克

第五节　T型管理：让员工自由地分享沟通

概念阐述

T型管理是一种通过沟通和知识分析促进团队发展的管理方法。T型管理分为两个部分：T的水平部分是指团队中的成员自由分享知识和沟通思想，从而创造价值；T的垂直部分是指团队中不同的业务单元密切合作，共同进步，确保每个业务单元的业绩都能得到良好发展（图3-7）。

一名成功的T型管理者通常能够通过横向和纵向的沟通、分析和合作，使团队成员能在不同业务单元间充分分享知识，最终推动团队不断进步。

图 3-7　T型管理

形成背景

T型管理的方法起源于20世纪90年代的英国石油公司。英国石油公司的石油和天然气勘测分部在一次竞标中被拆分为近50个半独立的业务单元，每个单元的领导只对自己单元的业绩负责，这导致每个业务单元只关注自身的成功，而忽视了整个分部的整体成功。

为了促使各业务单元的领导能够更好地理解不同单元的业务目标及整体目标，分部领导人约翰·布朗在1992年创立了"同行"机制，即将从事相似业务的单元领导聚在一起，讨论即将面临的共同挑战。后来，"同行"的目标被设定为：为各业务单元分配资源并设定单元业绩目标，以扩大整个"同行"群体的利益，同时协助每个业务单元实现自身目标。通过"同行"机制，各业务单元间的合作变得越来越顺畅。

约翰·布朗在升任英国石油公司首席执行官后，立即在全公司范围内推广"同行"机制。这一管理方法后来也被称为T型管理方法。

实操方法

在团队中，管理者可通过以下途径实施T型管理。

1. 建立知识共享平台

创建知识共享平台，构建有利于知识共享的文化生态环境，并通过完善的激励机制，促使个人知识向团队知识转化。例如，在公司现有的网络平台上增设信息共享功能模块，充分利用线上交流的便捷性，实现信息互通，让团队成员能够共享有价值的信息和资源。

2. 建立员工交流机制

打破信息孤岛，营造开放透明的沟通氛围，鼓励员工自由地交流分享想法、经验及知识。例如，定期举行员工沟通信息会，让员工对工作心得、经验教训等进行充分沟通；管理者的办公室大门随时向员工敞开，欢迎员工反映问题。

3.推广成功经验

将某一部门取得的成功经验推广到其他部门，鼓励员工跨部门学习合作，取长补短，以提高工作效率。同时，倡导不同部门的员工共同分析失败案例的诱因，避免犯类似错误。例如，在团队中树立标杆，让员工找差距，补短板，实现自我超越；通过"传帮带"的方式，让新老员工结对帮学，建设互帮互助的团队文化，打造学习型团队。对于团队中学习意愿弱且缺乏合作精神的成员，要多加引导与鼓励，让他们充分认识到分享与沟通对工作的帮助，从而促使他们改进工作方式。

4.建立部门间互动机制

当某个部门遇到困难需要帮助时，可通过企业内部信息资源查询其他部门是否曾遇到并成功解决过类似问题。如果找到了能提供帮助的部门，可直接联系相关负责人请求帮助，而被求助的部门则应积极调配人员，为其提供支持。这样，部门间的互动机制就能充分发挥作用。

此外，在互动交流的过程中，应该避免浪费过多时间，以免影响知识和技术分析的效率。同时要注意，不能将依赖其他部门作为解决问题的捷径，以免团队中滋生不良风气。

◎ 应用案例

英国石油公司将T型管理理念融入企业文化，涌现出很多经典案例。以英国石油公司在埃及的天然气业务单元领导大卫为例。他主要有两

四精管理工法

方面的工作任务：一是负责管理损益表、资产负债表和资本支出表等财务相关工作，这部分工作约占据他工作时间的 70% ~ 80%；二是参与跨业务单元的知识共享活动，这部分工作则约占据他工作时间的 15% ~ 20%。

为了更好地完成两方面的工作任务，大卫需要不断自我监控，并合理安排工作时间，确保跨业务单元活动具有切实的业务目的。大卫作为团队的协调者，负责组织工作会议并处理各种棘手问题。同时，他与其他业务单元的人员保持积极的沟通。例如，当工程师 A 打电话咨询他，并需要他帮忙联系工程师 B 来获取技术建议时，他会积极配合帮忙解决问题。此外，大卫通过沟通分享，积极吸取其他业务单元的工作建议。每年，他都会获得其他单元约 10 名同事的帮助，这使他受益匪浅。

在英国石油公司，像大卫一样的 T 型管理者有很多，他们不仅提升了各自业务单元的垂直价值，也在努力创造横向价值。英国石油公司在美国东南部零售业务的领导者宝拉通过"同行"平台，寻找到了提高她所在地区服务站业绩的方法。通过跨单元沟通分享，她了解到英国石油公司在英国和荷兰的加速项目采用了创新方法来订购和发送零售物品。因此，宝拉向这两个国家的相应业务单元，以及英国石油公司其他 7 个国家的零售人员寻求帮助，获得了很多成功经验，包括供应商管理、存货布置等。在这些建议的帮助下，宝拉成功在亚特兰大地区的七家商店实施了三个加速项目，结果存货减少了四分之一，货款回款日期缩短了五分之一，销售量增加了十分之一。

中油碧辟石油有限公司（以下简称中油碧辟），作为中国石油天然气股份公司和英国石油公司共同建立的合资公司，也在积极应用并受益于 T 型管理。该公司通过建立企业内部信息平台，确保信息在公司内部畅通无阻。该公司配备了多套信息系统，如 RMS 零售管理系统、中油 FMIS7.0 财务系统、基于运作设立的 OPS 系统等，这些系统实现了信息共享的便利快捷，为企业的高效运转提供了有力支撑。

为确保不同业务单元沟通渠道畅通，中油碧辟对管理层的考核纳入了一项软指标，即上行反馈执行情况。该公司通过鼓励普通员工参与面对面的座谈会，将员工对上级的意见由主持人汇总后反馈给管理者。管理者对员工的意见进行改善和修正，并在下一次上行反馈中接受下属的检验。虽然这一制度并不纳入管理者的业绩考核范围，但几乎所有管理者都愿意参与，因为它为团队营造了一种轻松高效的氛围，促使管理者改进工作作风。此外，公司还设有 24 小时员工热线，对员工反映的每一个问题都能及时回应，防止类似问题再次发生。

○ 经验启示

T 型管理旨在打破团队内部的信息孤岛。应用时，要注意以下几点。

（1）重视培训与知识共享。管理者应注重提升员工的专业技能和知识水平，通过培训与知识共享来实现企业知识资产增值，从而提高整体竞争力。

（2）加强部门间合作。T 型管理要求员工具备跨部门合作的能力，鼓励不同部门之间建立良好的沟通与合作关系，以提高协同效率。

（3）拥抱变革与创新。管理者需具备敏锐的市场洞察力及战略眼光，及时辨识市场变化并积极应对，推动创新体系的建设及产品的更新换代。

（4）倡导可持续发展。管理者应不断推动企业文化的优化，培养具备可持续发展思维的战略观念，以打造具有竞争力的企业品牌。

> 四精管理工法

第六节　刺猬法则：找到持久合作的适度距离

● 概念阐述

刺猬法则讲述的是，在严寒中，两只刺猬为了取暖而靠在一起，但由于距离太近，彼此的刺将对方扎得鲜血淋漓，所以两只刺猬通过调整姿势，拉开适当的距离，这样不但能够相互取暖，还可以很好地保护对方。

在人际关系中，人与人之间的相处，不能太远也不能太近，距离太远关系会显得生疏；距离太近容易出现摩擦、厌烦情绪。唯有保持适度的距离，才能使双方的关系处在一个和谐、融洽的氛围中。

● 形成背景

"刺猬法则"最初出自德国哲学家亚瑟·叔本华的哲学著作，源自一个和刺猬有关的试验。生物学家为了研究刺猬在寒冷冬天的生活习性，做了这样一个实验：把十几只刺猬放到户外，这些刺猬被冻得浑身发抖，为了取暖，它们便相互靠在一起，而紧紧地靠拢后，彼此身上的长刺会扎伤对方，因此又各自分开了，但是天气太冷，它们不得不再次靠在一起取暖，一旦靠拢后又因忍受不了对方身上的长刺而再度分开。就这样，刺猬们反反复复地分了又聚，聚了又分，不断地在受冻与受刺之间挣扎。在尝试了很多次后，刺猬们终于找到了一个合适的距离，既可以相互取暖，又不至于刺伤彼此。

这个现象揭示了在人际交往中普遍存在的心理距离效应：人与人交往时，只有保持了适当的距离，才能和谐相处。

◎ 实操方法

管理者在与员工相处中，要保持适度的距离，既不能过远，也不过近，而要择其中。

1. 领导关系

在工作中，上下级之间的关系是组织的核心环节。作为管理者，最基础的就是要处理好与下属的关系。这种关系应该是一种保持适当距离的"亲密"合作关系。

作为一名优秀的领导者，需要拉近与员工之间的关系，从员工的立场出发关爱员工，以获得下属的尊重。同时，要注意与员工保持一定的心理距离。这样不仅能够避免员工之间产生嫉妒和嫌隙，还可以减少他们对领导的奉承、恭维等行为，防止在工作中丧失原则。领导者应做到"疏者密之，密者疏之"，这样不但能够消除与员工之间的隔阂，同时又能确保在工作中不丧失原则，这才是成功之道。

2. 同事关系

每个人都像是多刺的动物，既需要别人的温暖、支持和帮助，同时也需要有自己的独立空间。

因此，在工作场所，与同事保持良好关系的同时，一定要把握适当距

四精管理工法

离，尊重他人隐私。同时，要保持一颗宽容之心，不要过分计较得失，并给予适当的照顾。这样，才能保持同事之间的和谐相处，保证工作顺利进行。

3.客户关系

与客户建立良好的关系对工作有着非常重要的积极影响，但需要保持独立的个性和客观的态度。与客户建立健康关系的最佳方法就是顺其自然。

我们要为客户提供专业、高效的服务，确保服务质量和标准，用我们的专业精神打动客户，维护客户关系。为此，我们可以定期通过电话、短信和拜访等方式保持与客户的联系。在与客户的交往中，要注意避免过度的情感介入，防止出现不正当商业竞争，进而损害双方在各自商业领域的信任。例如，双方的老板和同事可能会怀疑，由于你和客户之间过于亲密的个人关系，你会在交易中牺牲公司的利益。

应用案例

通用电气公司的前总裁斯通就是刺猬理论的坚实力行者，尤其在对待中高层管理者上。在工作场合，斯通非常尊重每一名员工，平易近人，非常"接地气"。在薪酬待遇上，斯通也从不吝啬对管理者们的关怀，但在工作之余，他从不要求管理人员到家做客，也从不接受他们的邀请。这种保持适度距离的管理方式，使得斯通的各项工作进展得非常顺利，通用电气的各项业务也能够芝麻开花节节高。与员工保持适度的距离，既不会使管理者显得高高在上，也不会使管理者与员工混淆身份，这被认为是管理的最佳状态。

经验启示

在应用"刺猬法则"时,要注意以下几点。

1. 学会与员工保持社交距离

一个原本很受员工敬佩的领导者,由于与员工"亲密无间",往往就会使自己的缺点显露无遗,结果在不知不觉中失去了严肃性,不利于其更进一步的管理。

2. 避免各自为战

保持距离不代表不合作,而是在尊重每个人个性和特点的基础上,自觉尊重他人隐私,宽容对待团队中的每一位成员,以形成互帮互助的优质团队。

3. 营造轻松愉快的工作氛围

找到与员工接触的最佳距离,营造轻松愉快的办公氛围,让员工乐意与你分享工作中遇到的问题,并且确信他们的问题不会成为闲聊时的谈资。

> 四精管理工法

第七节　马斯洛理论：激励就是发现并满足员工需求

◎ 概念阐述

马斯洛理论，又称"基本需求层次理论"，是由亚伯拉罕·马斯洛提出的一种描述人类需求层次关系和发展顺序的理论。该理论在解释人类动机和行为方面产生了深远影响，被广泛应用于教育学、心理学、管理学和市场营销等多个领域。

◎ 形成背景

亚伯拉罕·马斯洛是美国著名的社会心理学家，创立了人本主义心理学。他于1943年在《人类动机理论》中提出了"需求层次理论"。按照马斯洛理论，人的需要被划分为五个不同的层次，这五个层次从由低到高，最底层的是生理的需要，其次是安全、爱和归属、尊重的需要，最高层次为自我实现的需要（图3-8）。

马斯洛认为，人的需要是由低层次向高层次逐渐形成并得到满足的，只有在较低层次的需要得到相对满足时，才会追求较高层次的需要。同时，一个人可能有各种各样的需求，但每个时期总有一个需求占据主导地位。任何一种需求都不会因为需要更高层次的发展而消失。各层次的需求相互依存和重叠，追求高层次的需要，低层次的需要依然存在，但对行为的影响程度有所降低。

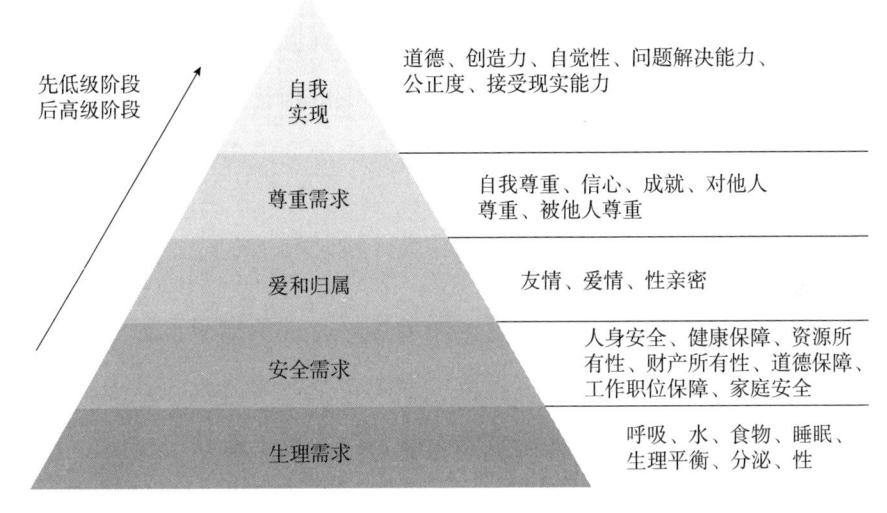

图 3-8 马斯洛需求理论

实操方法

马斯洛既强调需要的普遍性、层次性，也强调需要的内容、难度及激励力量的递增性。一旦相应的需求得到满足，就会正面影响员工的情绪和工作，从而提高员工的满意度和生产效率，减少离职率。

1. 通过完善薪酬体系和改善劳动条件来满足员工的生理需要

生理需要是人类生存最基本的需要，只有生理需要得到满足后，人们才可能去追求更高层次的需要。在企业管理中，作为领导者，要为基层员工和一线员工提供好的物质保障，满足员工的基本需要。

2. 采取完善的劳动保障条件来满足员工的安全需要

安全需要包括员工人身和财产安全不受侵害，还得包括员工感知到的心理安全。为员工提供安全、稳定的工作环境，是每一位管理者的职责。一方面，要完善员工的养老保险、医疗保险等保险制度，保护员工不为失业和病无所治而担忧；另一方面，要健全员工的申诉渠道，鼓励员工为企业提出合理化建议，保证企业与员工间的双向信息传递。

3. 通过强化人文关怀来满足员工爱和归属的需要

每个人都希望得到他人的认可，如果这一需求长期得不到满足，往往会导致心理的不健康和行为的不规范。因此，企业需要以各种形式的活动为载体，强化人文关怀，提高员工参与度，并通过营造和谐友好的工作氛围来提高员工凝聚力和归属感。

4. 通过职业发展和精神激励来满足员工渴望受到尊重的需要

尊重的需要是比较高的层次的需要，主要包括自尊心、自信心、成就、名誉、地位和晋升机会等需要。在工作实践中，可以采取一些让员工感到自我存在感比较强的方法来实现。比如，召开表彰会对表现突出的员工给予物质和精神奖励，并采取多种方式加以宣传，让员工体会到被尊重和被认可。

5. 通过工作激励和教育培训来满足员工自我实现的需要

自我实现的需要是最高层次的需要，是实现个人理想、抱负、体现人生价值的需要。因此，管理者要创新管理方式，激发员工创新热情，使员工最大限度地发挥自己的潜能。管理者还要创新选人、用人机制，让每位员工都能在企业中找到合适的位置，更好地实现组织目标和自身价值，实现"双赢"。

○ 应用案例

华为公司的员工激励系统正是运用了马斯洛层次需求理论，把握人的五种需求，从而充分调动每个员工的积极性。为了员工能够在达成组织目标的同时满足自身的需要，就要激发员工的工作动力，这正是华为公司利用马斯洛层次需求理论实行激励机制的根本目的。

1. 薪酬福利制度

华为公司坚信高薪是留住人才的首要因素。因此，为了吸引和留住人才，华为公司的薪酬一直处于同行业较高水平。

该公司设置奖金包，规定奖金分配向高绩效者和一线人员倾斜，奖金分配遵循及时、高效、简单的原则，以更好地发挥奖金的激励和牵引作用。奖金包的设置主要是从公司利润提取股票分红和盈余公积后，根据各事业部设置公司奖金池，再根据组织绩效设置部门奖金包，然后通过个人绩效和职级最终确定个人奖金。

2. 绩效考核制度

华为公司基于员工职位职责、实际贡献和实现持续贡献建立绩效考核制度，分团队绩效和个人绩效。

团队绩效制定流程包括：首先通过拆解公司整体战略，明确各部门当年的业务目标，然后通过界定关键任务及可落地的执行措施，确保业务目标和战略目标的达成，最后通过主管年度述职来完成绩效评估反馈，根据评估结果确定团队绩效比例和分配奖金包，并据此给相应的主管晋升与加薪。个人绩效制定是将部门目标拆解落实到个人身上，再确定个人目标。整个绩效考核全流程秉持公开、透明、公平、公正的原则，将干得好的和干得差的区别开来，将更高的薪酬福利待遇向骨干员工倾斜，以此激励员工，确保付出就有回报。

3. 文化激励

华为公司成立之初，文化激励发挥了重大的作用。随着企业的壮大，华为公司创立并完善了符合自身特色的"狼性文化"，激励着华为公司员工努力奋斗。华为公司的"狼性文化"可以用这样几个词语来概括：学习，创新，获益，团结。学习和创新代表敏锐的嗅觉，获益代表进攻精神，而团结则代表集体奋斗精神。

这种文化氛围给每一位员工带来了强大的凝聚力和激励效果。开放、包容、团结、互助的学习型组织文化，加之公司强有力的公信力，满足了员工内在的安全需求和外在的社交需求，使得员工相信付出就会有回报，从而最大限度地发挥个人的主观能动性。

4. 荣誉激励

华为公司设立了荣誉部，专门负责员工的考核和评奖。只要员工在工作中任何一方面表现出进步，就能够获得一定的奖励。从马斯洛需求层次理论的角度来说，这个举措满足了员工的尊重需求和自我实现需求。企业只有在满足了人才的高层次需求，让人才拥有归属感、成就感后，才能更好地留住人才。

经验启示

员工是企业的主体，现代企业管理归根结底是对人的管理。一个企业长远发展的关键在于人才，在于通过有效的管理创新激励人才、留住人才，让人才充分发挥自身潜能，为企业发展贡献聪明才智。马斯洛需求层次理论为企业的管理创新和人才激励提供了有效理论支持，是企业实现人本主义管理理念的重要依托。企业通过采取行之有效的激励措施，满足员工不同层次的需要，最大限度地挖掘员工潜能，帮助员工实现自身价值，进而推动企业持续发展。

1. 明确企业价值观和使命

明确的企业价值观和使命能够为员工提供方向感和动力。管理者需要通过各种途径传递和强化企业核心价值观和使命，使其深入人心。

2. 营造良好的工作氛围

良好的工作氛围能够增强员工的工作满意度，并调动员工的工作积极性。管理者要创建开放的沟通环境，鼓励员工间的交流合作；关心员工的身心健康，提供必要的支持和帮助；确保公司在招聘、晋升、奖励等方面的公平公正，与员工建立信任和尊重。

3. 鼓励创新和创造力

鼓励创新和创造力能够激发员工的工作热情和积极性。管理者可以设立创新奖励机制，鼓励员工提出新想法和新方案。同时，企业需要能够承受创新的失败成本，允许合理失败，为员工提供试错空间。此外，企业要

四精管理工法

为员工的创新项目提供必要的资源和支持,最大程度地帮助员工将创意变为现实。

激发员工创新创效活力是企业管理的重要课题。通过科学的激励理论、合理的工作设计和积极的企业文化建设,管理者可以有效提升员工的工作积极性,激发员工的工作热情和潜力,从而提升企业的整体绩效和竞争力。

管理金句

> 当人的基本需要得到满足之后,就会产生被尊重的需要、被爱的需要。
>
> ——马斯洛

第四篇

精益求精促创新

第一章　理念创新

第一节　工程思维：让不可能变成可能

◎ 概念阐述

工程思维是一种以价值为导向的解决问题方式，它通过科学方法和工程化理念来简化复杂问题，创造新的存在物。其核心在于解决具体问题，并强调系统性、创新性、实践性和可持续性。工程思维追求目标的实现，即"在时间、成本和质量的约束下，确保成果的可靠性和实用性，并有计划、有规模地完成交付"。工程思维具有"现实性""创造性""复杂性"三个显著特征：一是现实性，着眼于根据价值主体的需求，规划和设计理想的实体；二是创造性，涉及创造原本不存在的人工实体，专注于未来可能存在的创新性构想；三是复杂性，它涉及科学、技术和社会的动态系统，需要在特定环境下根据目标和规范进行整合。综上所述，工程思维是一种具备系统性和创新性的方法，旨在在资源有限和条件受限的情况下，高效地解决问题，并创造出具有实际价值的成果。

形成背景

工程思维起源于人类对自然环境的改造和利用。从古至今，人类一直在不断地探索、实践和创新，以解决生活中的各种问题，在这个过程中，人们逐渐形成了一种以解决问题为目标的创新思维方式，即工程思维。随着科技的进步，工程思维经历了从原始到系统化、科学化的演变。在近代工业革命时期，这种思维方式得到了显著的发展，人们开始借助数学、物理等科学知识来解决工程技术问题。到19世纪，科学技术的迅猛发展推动了工程思维的进一步演化，工程思维逐渐发展成为一种跨学科、综合性的思维方式，广泛应用于计算机科学、人工智能、生物工程等多个领域。综上所述，工程思维的起源与人类对自然环境的改造和利用紧密相关，它从古代文明延续至现代科技，最终演化成为一种旨在寻求最优解决方案的系统化、科学化的思维方式。

实操方法

工程思维是在系统分析和整体规划的基础上，进行工程设计和建构的。

1.定义问题

明确问题是解决任何挑战的第一步。这包括了解问题的背景、目标及存在的限制条件。这一阶段是至关重要的，因为它为后续解决方案的设计和实施提供了方向和基础。

2. 收集信息

收集与问题相关的所有信息，如数据、文献和相关经验，是为了更好地理解问题的本质。这一步骤有助于更全面地把握问题，为分析问题和设计解决方案提供必要的支持。

3. 分析问题

将复杂的问题分解成更小、更易管理的部分，然后逐一分析每个部分的特点和相互关系。这样做可以找出问题的本质和关键因素，为设计解决方案打下坚实的基础。

4. 设计方案

基于对问题的深入理解，设计出既符合问题特点又考虑限制条件的可行性解决方案，包括技术方案、管理策略或经济措施等。

5. 实施方案

将设计方案转化为具体的操作步骤，包括制定详细的实施计划、组织必需的资源以及执行具体措施。

6. 评估效果

实施方案后，需要对其效率和效果进行评估，包括考察方案的成本效益、实际效果等，以便根据实际情况调整和优化方案。

7. 持续改进

根据评估结果不断优化解决方案，这是一个持续的过程，目的是不断提高解决问题的效率和效果。

● 应用案例

埃隆·马斯克将工程思维融入 SpaceX 的"猎鹰重型"火箭和特斯拉电动汽车的开发之中。

马斯克在解决复杂问题时，首先采用科学的方法探索问题的背景、目标及存在的限制条件。例如，在 SpaceX 成立初期，他提出了重复利用火箭的设想，并通过实验证明了这一构想的可行性。这种方法不仅挑战了传统的航天模式，也大幅降低了成本；而且，科学方法强调从失败中学习。马斯克在 SpaceX 初期多次发射失败后，他没有放弃，而是将这些失败视为获取宝贵数据和改进的机会，这些经历帮助 SpaceX 成功实现了火箭的重复利用。为了确保项目的高效执行和技术的保密性，SpaceX 和特斯拉都采取了垂直整合的策略，这种策略减少了对外部供应商的依赖，提高了生产效率和创新能力。通过垂直整合，SpaceX 能够自主控制成本，并在必要时快速迭代技术，不仅降低了生产成本，还加速了新技术的应用。其次，基于对问题的深入理解，SpaceX 的火箭采用了模块化设计，使得各个组件可以独立生产和测试，然后快速组装，这不仅简化了复杂的制造过程，还便于针对特定模块进行优化升级，在提升整体性、可靠性的同时，又具备极大的灵活性。例如，猎鹰重型火箭是由三个猎鹰 9 火箭捆绑而成，这样的设计可以根据不同的任务需求快速调整，极大提高了任务适应性和发射频率。此外，无论是SpaceX还是特斯拉，持续改进的理念都是其企业文化的一部分。马斯克通过收集每次火箭发射、汽车运行的数据，分析问题并实施改进措施，不断优化产品性能，推动技术和工艺的进步；同时，持续改进还保证了SpaceX和特斯拉在市场上的竞争力，通过不断的技术创新和优化，能够在各自的领域保持领先地位，如SpaceX的发射成本和特斯拉电动汽车的续航能力都是行业内的标杆。

总的来说，马斯克运用工程思维的实践不仅推动了技术和产业的革命，也为其他行业和领域提供了解决问题的新思路和新方法。通过深入了解和应用工程思维，更多的创新者和企业可以释放其潜力，为社会和人类带来更多的可能性和改变。

经验启示

（1）工程思维是一种综合性思维方式，具有全面解决问题、系统整合、创新改进和培养能力等应用价值。

（2）工程思维能够提供全面的解决方案，在面对复杂的问题时，它能够从多个角度综合考虑，从而提供全方位的解决方案。

（3）工程思维具有系统性和整合性，它将整个项目看作一个系统，对各个环节进行有效整合，从而保证项目的顺利进行。

（4）工程思维注重创新和改进，它能够从不同的角度思考问题，并寻找新的解决思路。

（5）工程思维可以培养系统思维和解决问题的能力，通过学习和应用工程思维，能够培养全面的思维方式和解决问题的能力，更好地解决问题。

第二节　设计思维：像设计师一样思考问题

◎ 概念阐述

设计思维是一种以用户为中心的创新方法，旨在通过设计师的视角和技能，将技术可行性、商业策略与用户需求紧密结合，进而创造客户价值和市场机遇。作为一种综合处理能力，设计思维能够深刻理解问题的背景，激发深刻的洞察力和解决方案，并且能够理性分析，确定最佳的解决路径。

◎ 形成背景

诺贝尔经济学奖得主、美国经济学家、认知心理学家赫伯特·西蒙，在1969年的著作《人工科学》中首次提出"设计作为一种思维方式"的概念。1987年，哈佛大学设计学院教授彼得·罗在其著作《设计思维》中正式引入了这一概念。1992年，时任卡内基梅隆大学设计学院院长的布坎南发表文章《设计思维中的难题》，提出设计思维的应用范围可以延伸至社会生活的各个领域。到了2004年，戴维·凯利创立了斯坦福大学设计学院，该学院以设计思维为核心教学理念，致力于设计思维的教育与推广，传授相关的方法论与实践经验。

四精管理工法

实操方法

依据斯坦福大学设计学院开发的 EDIPT 模型，即同理心（Empathize）、定义（Define）、构思（Ideate）、原型设计（Prototype）和测试（Test），后经优化，设计思维的步骤通常包括以下几个阶段。

1. 同理心

（1）目标：深入了解用户的需求、感受、挑战和动机。

（2）方法：

观察：直接观察用户在自然环境中的行为。

访谈：与用户进行深入对话，了解他们的想法和感受。

问卷调查：收集更广泛用户群体的数据。

影像日记：让用户记录他们的日常体验和感受。

2. 定义

（1）目标：基于收集到的信息，明确需要解决的核心问题。

（2）方法：

用户画像：创建代表目标用户群体的虚构角色，概括其特征、需求和目标。

问题陈述：将发现的问题归纳为一个清晰、聚焦的问题陈述，通常采用"如何"开头的形式，如"如何帮助用户更高效地完成任务 X"。

3. 构思

（1）目标：产生尽可能多的创意解决方案，不拘泥于可行性。

（2）方法：

头脑风暴：团队成员自由地提出任何想法，鼓励数量而非质量，禁止批评。

奔驰法：一种创意工具，代表替代、结合、调整、修改、放到其他用途、消除、倒置，用以激发新想法。

思维导图：视觉化组织和扩展想法。

4. 原型设计

（1）目标：将选定的想法转化为可触摸或可体验的模型，不必完美，重在快速迭代。

（2）方法：

纸质原型：快速绘制界面或产品的草图。

数字原型：使用工具如 Adobe XD、Figma 创建交互式原型。

5. 测试

（1）目标：通过用户的实际反馈来验证原型的有效性和识别潜在的问题。

（2）方法：

用户测试：邀请真实用户试用原型，并观察他们的行为，收集反馈。

问卷反馈：设计问卷收集用户对原型的评价。

角色扮演：让用户模拟特定场景下的使用情况，获取反馈。

6. 迭代

（1）目标：根据测试结果，不断调整和优化解决方案。

（2）方法：

四精管理工法

回顾会议：团队共同讨论测试结果，识别改进点。

选择性改进：基于反馈决定哪些部分需要修改或增强。

重复上述过程：根据需要返回到构思、原型设计和测试阶段，直到方案达到满意的效果。

设计思维是一个灵活的过程，不同项目可能需要根据实际情况调整这些步骤的顺序或重点。这一方法的关键在于保持开放的心态，持续学习和适应，以用户为中心，不断探索和创新。

应用案例

许多儿童患者在传统磁共振设备上做磁共振扫描时会非常害怕，为避免儿童患者因害怕而乱动，影响检查结果，医生不得不给他们服用镇静剂。面对此类情况，在通用电气公司工作24年、领导磁共振系统设计和开发的道格感到深深的自责和不安，他决心改变这一情况，改善儿童患者对磁共振设备的用户体验。首先，道格在日托中心观察幼儿生活，获得对幼儿的同理心；其次，他与儿童生活专家交谈，了解儿童患者的经历；再次，他向周围的人寻求帮助，包括当地一家儿童博物馆的专家，以及两家医院的医生和工作人员；最后，根据对儿童患者需求的深刻理解，道格创建了"冒险系列"磁共振设备。"冒险系列"磁共振设备将磁共振扫描转变为冒险故事，让儿童患者成为冒险故事的主角，将令儿童恐惧的隧道扫描和噪音，转变为冒险故事的一部分。"冒险系列"磁共振设备的投入使用，使得需要镇静的儿童患者数量大幅度减少，儿童患者的满意度大大上升；医院的检查效率也得到了很大提高，每天可以检查更多的儿童患者。

◉ 经验启示

设计思维是一种创新的方法论,旨在面对复杂问题和挑战时提供实用且富有创意的解决方案。它的独特之处在于,解决问题的出发点并不是问题本身,而是从最终期望达成的目标或成果出发,逆向工作。

(1)综合考量。通过审视现状与展望未来,设计思维综合考量各种变量与潜在解决方案,以确保全面性。

(2)迭代与灵活性。与传统的科学研究方法(先详尽分析问题的所有方面再探寻答案)不同,设计思维倡导快速构思解决方案的原型,并通过反馈循环不断确认和调整影响目标实现的关键要素,以此优化路径。

(3)深入理解用户。设计思维的核心在于其迭代性、灵活性及用户中心的特质,这一过程鼓励设计者与用户紧密合作,深刻理解用户的实际需求、情感体验与行为模式。

(4)确保有效性。通过原型制作、测试、再设计的循环,设计思维不断演进,不仅促进了创意的孵化,也确保了解决方案的有效性和适用性。

(5)促进创新。设计思维通过不断地迭代和测试,激发了新的想法和解决方案,有助于突破常规思维的限制。

(6)持续创造价值。在不断变化的环境中,这种灵活的方法论使组织和个人能够适应新情况,持续创造价值。

设计思维通过其独特的方法论和以用户为中心的理念,不仅有利于解决复杂问题,还促进了创新和发展。通过不断的迭代和用户反馈,它确保了解决方案的有效性和适用性,使人们能够在快速变化的世界中保持竞争力。

> 四精管理工法

第三节　辩证思维：更加全面地认识世界

◉ 概念阐述

辩证思维是一种对立统一的思维方式，通过对事物的矛盾运动和发展规律的全面把握，揭示事物的本质和发展趋势。辩证思维包括矛盾、辩证法和转化三个核心要素。矛盾是事物内部及事物之间的相互对立和统一，辩证法是揭示事物发展规律的方法论，转化则是通过正确认识和处理矛盾，实现事物发展的根本途径。辩证思维要求我们在认识和分析问题时，以联系和发展的眼光来看问题，避免以孤立和静止的形而上学观点来看问题。

◉ 形成背景

辩证思维的起源可以追溯到古希腊哲学。古希腊哲学家苏格拉底、柏拉图等人通过探究问题的根源和本质，追求智慧和真理，发展了辩证思维的一些基本要素。辩证思维的集大成者当属德国哲学家黑格尔，他提出了著名的辩证法，认为事物的发展是由内部矛盾的斗争推动的。黑格尔辩证法认为任何事物都包含矛盾，正是这种内在矛盾推动事物不断发展变化，并提出了辩证法三大规律，即对立统一、量变质变、否定之否定。这三大规律揭示了事物发展的基本规律。

随后，马克思和恩格斯对辩证法进行了批判性的继承和发展，提出了唯物辩证法，进一步发展和完善了辩证思维的理论。他们认为辩证法是一种认识和解释世界的方法，能够揭示事物运动和发展的规律，从而为辩证思维的发展提供了重要的理论支撑和实践指导。

◉ 实操方法

1. 认识和分析问题要"承认矛盾、分析矛盾、解决矛盾"，即坚持辩证法的"两点论"

世间万物都处在普遍联系和不断发展的矛盾统一体中，我们在认识世界和改造世界的过程中，就必须首先要承认矛盾，正视矛盾的客观存在，然后对矛盾进行客观分析，揭示矛盾的内在规律性，进而找出解决矛盾的方法和途径。

2. 解决问题要"抓住关键、找准重点、洞察事物发展规律"，即坚持辩证法的"重点论"

只认识到矛盾、正视矛盾不是最终目的，我们的目的是通过分析问题来解决问题。因此，在分析问题过程中，要把握重点，抓住关键，洞察事物的发展规律，才能在工作中分清轻重缓急，从而找出解决问题的根本路径。

3. 坚持"两点论"与"重点论"的辩证统一

辩证思维要求我们认识事物要从"两点论"出发，用矛盾分析的方法来认识和分析问题，要既看到现象又看到本质，既看到原因又看到结果，

四精管理工法

既看到必然又看到偶然，既看到机遇又看到挑战，既看到优势又看到不足。只有这样，才能确保认识的全面性，防止片面性；同时，在解决问题时，我们必须要在众多矛盾中找出主要矛盾，在每一矛盾中找出矛盾的主要方面。具体到实际工作中，我们要既善于把握全局又善于找准重点，既强调全面推进又强调重点突破。只有做到两方面有机结合，才能确保各项工作全面、协调、可持续发展。

在运用辩证法解决问题时，既要注重运用"两分法"，坚持一分为二地看问题，又要善于运用重点论，找突出问题，抓关键问题。同时，我们要能够把握规律性，从普遍性与特殊性的辩证关系原理出发，发现、洞察事物发展的客观规律。

应用案例

中国建材集团有限公司（以下简称中国建材）、中国医药集团有限公司（以下简称国药集团）不断发展壮大的历程，正是公司管理层善于运用辩证思维方法认识问题、分析问题、解决问题，善于运用两点论、重点论、治企思维规律的例证。

20世纪90年代，中国建材的底子薄、基础差。该公司管理层运用辩证思维，抓住主要矛盾，巧妙地将国有资本和社会资本有效整合，创新性地探索并践行了"央企市营"改革模式，通过联合市场资源和混合社会资本，彻底改变了集团的命运。一是联合市场资源，面对激烈的市场竞争环境，该公司重组近千家下属企业，最终发展成为全球规模最大的水泥供应商，创造了世界水泥发展史上的一个奇迹。二是混合社会资本，中国建材采用市场化方式收购重组民营企业，在发展中引入社会资本，大力发展混合所有制经济。中国建材以400亿国有资本吸引了1200亿社会资本，撬动了近6000亿总资产，实现了以一定国有资本吸引大量社会资本进行发展的改革初衷。中国建材按照"混得适度、混得规范、混出效果"的混改原则，"规范运作、互利共赢、互相尊重、长期合作"的"十六字"混改方针，"央企实力+民企活力=企业竞争力"的混改公式，以"国民共进"方式实行行业结构调整和市场化改革，混合所有制覆盖面达到80%。

中国建材行业整合和资本混合的经验在国药集团成功复制。尽管建材和医药两个行业差别非常大，但这两个行业却都属于充满竞争的商业领域，且都存在企业分散、集中度低、恶性竞争等问题。在医药销售领域，中国有两万多家小药商，而美国的医药销售、分销、配送市场完全由三家企业覆盖。因此，国药集团也走上了市场化改革道路。利用融资资金在全国收购600多家医药企业，覆盖全国290个地级市，打造出国家级的医药健康平台。2013年，中国建材和国药集团都进入世界500强的行列。

成功带领这两家企业发展壮大的宋志平，曾谈到用"两分法"辩证地看问题，他说："任何事物都有两面性，要一分为二地看问题。智商就是能辩证地思考问题，情商就是能为他人着想。一个人只想自己，什么都从自己的角度出发，而不站在别人的立场考虑问题，无法理解别人，就很难获得大家的信任和支持，事业也很难取得成功。"对于如何抓主要矛盾，他提出，处理问题要拿得起、放得下，有取有舍、当断则断、抓主要矛盾，不要把问题长期化、僵持化，也不要眉毛胡子一把抓，要能纲举目张。

四精管理工法

经验启示

作为一名企业管理者，只有具备辩证思维，才能在胜利中看到隐患，保持清醒，才能在危机中看到希望，保持乐观；不具备辩证思维，就无法在诸多矛盾中抓住主要矛盾，无法抓住矛盾的主要方面，不能洞察事物的基本规律，从而无法找到解决问题的基本路径。因此，辩证思维能力成了一项至关重要的能力。

1.培养多元的思维角度

辩证思维强调要全面看问题，洞察事物的本质，提高辩证思维能力需要培养多元的思维角度。

一是广泛阅读。通过阅读多元化的书籍可以拓展思维，帮助我们了解不同的观点和逻辑，更加立体地看世界。二是学会聆听。在日常工作生活中，要多与不同观点的人进行交流，积极倾听他人的观点，尊重不同的意见，学会从不同的角度思考问题。三是换位思考。在分析问题的时候，面对不同的观点和冲突，可以假设不同的身份角色，思考问题时站在他人的角度思考，能更好地帮助我们理解不同的观点。

2.学会思维的层次化分析

辩证思维强调在分析问题时要抓住重点，找到解决问题的根本途径，因此，需要学会思维的层次化分析。层次化分析就是将一个复杂的现象或问题划分为不同的层次来解析，一步步深入理解问题的本质。在分解问题时，要将复杂的问题分解为不同部分，然后逐个分析，再将分析结果进行整合。在构建问题时，可以通过构建问题树展示问题与子问题之间的相互关系，帮助更好地弄清问题的逻辑结构。在思考问题时，要关注事物的本质属性，而不只是表面现象，这样才能更深刻地理解问题。

3. 增强问题解决的能力

辩证思维的目的是解决问题。要学会系统思考，将问题看作一个系统，因此，在遇到问题时，不能仅考虑问题的某一个方面，而应该分析问题的各个方面以及它们之间的相互关系，逐步解析。在分析问题后，提出不同的解决方案，并进行评估和比较，最终选择最合适的解决方案。

管理金句

智慧在于明辨事物的两面性。

——亚里士多德

第四节　系统思维：构建复杂问题的全局视角

概念阐述

系统思维是一种将事物视为相互关联的整体进行分析和理解的方法。它强调通过研究系统的整体性、结构性、动态性和综合性，全面、科学、系统地分析问题，从而找到最优解决方案。

形成背景

系统思维的理念起源于 20 世纪中叶。当时，路德维希·贝塔朗菲提出了一般系统理论。该理论认为，不同学科领域之间存在一个共同的框架，用以解析复杂系统的结构和行为。几十年来，系统思维不断发展，已广泛应用于组织理论、生态学、计算机科学等多个领域。

实操方法

系统思维强调从全局视角出发，通过系统分析的方法来解决问题，以下是实操步骤。

1. 定义问题

明确问题的范围和目标，将问题转化为可进行系统分析的议题。

2. 构建模型

将问题拆分为若干部分，研究这些部分之间的相互作用关系。

3. 收集信息

收集与问题相关的数据和信息，包括内部与外部环境的信息。

4. 分析模型

运用系统思维的工具和技术，深入分析模型内各要素的相互作用及其影响。

5. 制定策略

根据分析结果，制定相应的解决策略和改进措施。

6. 执行与评估

执行制定的策略，并持续跟踪其执行效果，根据反馈进行适当调整。

◎ 应用案例

在一家化工厂，员工们面临着一个挑战：处理每月固定量的废水，既耗时又耗费资源。为了应对这一难题，工厂管理层采纳了系统思维方法来优化流程。

四精管理工法

首先，管理层对废水产生的根源进行了深入分析，发现废水主要有两大来源：一是生产流程中的废水排放，二是设备和管道的泄漏。针对这两个主要来源，管理层分别制定了应对策略。

对于生产流程中的废水排放，管理层认识到，虽然无法完全杜绝生产中废水的产生，但可以通过优化生产流程来降低排放量。他们与生产线上的工程师和工人进行了深入交流，了解了废水产生的主要环节，并实施了改进措施。例如，在一项关键工艺中，由于流程控制不够精确导致废水排放过多，通过调整和优化该流程，废水的排放量降低了40%。其他环节也采取了类似的改进措施，最终，废水总量显著减少。

在设备和管道泄漏方面，管理层采取了预防为主的策略。他们对工厂的设备和管道进行了全面检查，发现并解决了一些潜在问题。例如，他们发现某管道连接处有微小裂缝，可能会引起泄漏。为防患于未然，管理层在泄漏发生前就进行了修复，并聘请专业工程师对相关设备进行维护。这些预防措施也有效降低了废水产生量。

然而，减少废水产生只是第一步，还需高效处理已产生的废水。管理层决定引入先进的废水处理技术，并与专业公司合作。这些技术能有效去除废水中的有机及无机污染物，确保废水符合排放标准或能够循环利用。通过采用这些先进技术，工厂不仅解决了废水处理问题，还实现了废水的资源化，节约了大量水资源及环保成本。

通过运用系统思维的方法，这家化工厂成功解决了废水处理问题。在整个过程中，管理层注重整体的优化和协同，通过改进生产流程、预防设备泄漏和引进先进废水处理技术等综合措施，大幅减少了废水的产生，促进了废水的资源化利用。这不仅推动了工厂的可持续发展，也对环境保护产生了积极影响。

经验启示

系统思维为管理者提供了一种全方位、深层次的方法来解决复杂问题，让管理者在处理复杂问题时，能够从宏观和微观两个层面进行综合分析，制定有效的策略，它给管理者的经验启示包括以下几个方面。

（1）组织管理。系统思维方法能让管理者深入洞察组织的整体运作机制，从而揭示潜在的问题和冲突，并构思出相应的改善措施。

（2）项目管理。系统思维方法有助于管理者全面掌握项目的各个组成部分及其相互作用关系，合理分配资源、调整方案，确保项目顺利推进。

（3）决策分析。系统思维方法能让管理者从全局视角审视问题，考虑各因素的互动关系，从而做出更加全面和科学的决策。

（4）创新管理。系统思维方法能帮助管理者探索企业不同层次和领域之间的联系，发掘新的机遇和创新点。

管理金句

整体大于部分之和。

——亚里士多德

> 四精管理工法

第五节　门径管理系统：使用关卡决策资源分配

◎ 概念阐述

门径管理系统（Stage-Gate System，简称 SGS）是由加拿大市场营销领域专家罗勃特·库珀于 20 世纪末创立的一种新产品开发流程管理工具，核心是将新产品开发过程分为多个紧密相连的阶段，并在每个阶段结束前设置关键决策点（也就是所谓的"门"），对阶段产出物进行严格审查。如果产品开发达到预定目标，则继续到下一阶段，否则就需要重新回到前一阶段或终止该项目，以确保新产品开发沿着既定目标方向进行。

◎ 形成背景

门径管理系统是基于罗勃特·库珀博士对 60 多家企业真实案例的研究，以及大量来自一线管理人员的经验建议而总结探索形成的，该理念首次出现于库珀博士 1988 年发表的文章中，直到 1994 年，库珀整体提出了以"灵活性（Flexibility），模糊的、有条件的入口（Fuzzy entrances），流动性（Fluidity），集中（项目优选与组合管理）（Focus），促进（Facilitation），永远保持生命力——不断地再生和改进（Forever Green）"为特征的"6F""第三代门径管理流程"。

门径管理系统非常注重关口决策，要求产品开发的每个阶段都要进行决策，以杜绝没有价值的产品，同时还需要对不同产品进行优选排序，以确保最具潜力的产品率先产出。该管理系统被广泛应用于美国、欧洲、日本企业的新产品开发，被视为新产品发展过程中的一项基础程序和产品创新的过程管理工具。

实操方法

门径管理系统主要包括阶段和关卡两大部分，实际应用过程也是围绕这两大部分开展的。

门径管理系统首先要求将新产品发展切分为不同的五个阶段，每个阶段包含一套平行活动，既相互独立又互相关联，并在阶段之间设置关卡，对产品质量进行评估，对产品开发是否进入下一个阶段进行决策。对不同关卡的决策，主要分为两个步骤。

第一，对照事先确定的阶段产品标准，评估产品质量是否符合预期、是否达到要求，并以此确定其是否推进、终止、暂时搁置，或者重新循环开始。

第二，在评估产品质量达到预期的基础上，再对产品的优先等级进行排序。在多个产品并行或资源受限的背景下，这一过程尤为重要。通过对各产品的细致比较，从而决定是立即全力推进（高优先级且资源匹配度高的产品），还是策略性地暂时搁置（虽具潜力但当前资源有限的情况，待条件成熟后再行启动）。

具体操作流程，主要有以下八个方面。

（1）定义阶段和门径。确定产品开发需要经历的阶段以及每个阶段结束时的评估标准。

四精管理工法

（2）制定项目计划。为每个阶段制定详细的工作计划，包括时间表、资源需求和预期目标。

（3）执行项目工作。严格按计划推动产品开发工作，确保每个阶段的目标都得到实现。

（4）阶段评审。在每个阶段结束时，对产品开发进展和成果进行评估，决定是否进入下一阶段。

（5）决策点决策。在关键决策点，基于评审结果，决定产品开发是否继续、暂停、终止或重新规划。

（6）资源再分配。根据产品进展和决策结果，重新分配资源，确保资源得到最有效的利用。

（7）监控和控制。在整个产品开发周期内，持续监控工作进度和质量，及时调整计划以应对变化。

（8）项目收尾。产品形成后，进行总结评估，收集反馈，为未来的产品开发提供经验教训。

应用案例

门径管理系统作为一种新产品开发流程管理工具，经常被应用于科研成果转化。

如图4-1所示，通常情况下，科研成果转化可大致分为五个阶段，即形成阶段、中试阶段、规模化生产阶段、管理营销阶段、持续转化为现实生产力阶段。在五个阶段之间设置四个评估决策点，即四个"门"：中试价值评估门、规模化生产价值评估门、管理营销价值评估门、市场接受度评估门。

在每个阶段结束前，组织由不同人员参与的评估小组，对该阶段科技成果情况进行综合评估，以确定是否进入下一阶段。对实施效果好、达到阶段目标的科技成果，保持原有转化力度或加大转化力度；对实施前景较好，但进展缓慢、尚未达到阶段目标的科技成果，暂缓转化；对没有进展或无法继续实施的科技成果，终止转化。通过对不同阶段科技成果的精准评估和科学决策，从而能够达到提高科技成果质量，促进量更多、质更优的科技成果转化为现实生产力的目的。

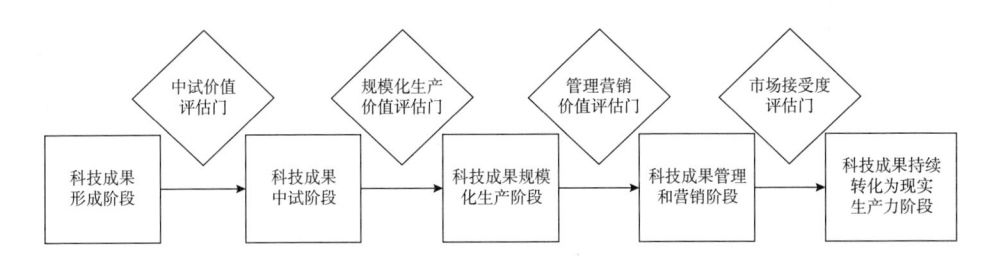

图 4-1 科技成果转化门径管理实操流程

○ 经验启示

作为产品创新的常用管理体系，门径管理系统是一种用于管理新产品开发过程的方法。

（1）门径管理系统的基本思想是"把新产品做正确"和"做正确的新产品"。它将新产品开发过程分为若干阶段，每个阶段都要有明确的目标、任务和输出，以及相应的资源和时间安排，以确保做出科学决策。

（2）门径管理系统在加速产品开发、提高新产品市场成功率等方面有比较明显的优势，也存在一定的局限性，更适用于新产品技术相对简单、

四精管理工法

市场风险较大、产品更新较快的企业，需要在实际工作中统筹把握运用。

（3）门径管理系统适用于大多数类型的产品开发，尤其是那些需要跨部门协作、需要进行多次决策和评估的产品。然而，对于非常小或非常简单的产品开发，一般不需要如此复杂的系统。

> **管理金句**
>
> 没有标准化的流程，无法实现持续改进。
>
> ——爱德华兹·戴明

第六节　敏捷开发：快速响应外界变化

概念阐述

敏捷开发是一种以客户需求驱动的产品项目开发方法。它将研发过程分割为多个固定时长的小周期，每个周期专注于明确清晰、相对固定的目标，在每个周期结尾进行测试和反馈，并对下一个周期进行调整，这样分阶段推进，直至产品完成。该方法强调负责人（设计者）和研发团队的全员参与，需求、设计、开发、测试等各环节高效协同，用最简单的设计和编码实现功能，接受客户及市场的快速反馈，果断改变开发需求，实现快速修正迭代。

形成背景

美国人萨瑟兰和施瓦伯于1995年联合发表论文，首次提出了源于橄榄球术语"对阵争球"的 Scrum 概念。2001年，施瓦伯与麦克·比窦出版了《敏捷软件开发——使用 Scrum 过程》，提出敏捷开发是一种以人为核心、快速迭代、循序渐进的开发方法，将软件项目的构建切分成多个子项目，各个子项目的成果都经过测试，具备可集成和可运行的特征。

初期，该理念主要应用于软件开发行业，迭代式增量软件开发和极限

四精管理工法

编程是敏捷开发使用最多的两种方法。敏捷开发适用于创新性产品、频繁变更需求和小团队项目等场景，一经出现便取代了严格的瀑布模型，被苹果、微软、谷歌等跨国公司广泛使用，一是为了适应信息时代更加快速的市场需求变化；二是及时响应用户的需求，更快地把产品推向市场；三是让产品更快地经过市场验证，高效试错、及时调整，避免走大弯路。如今敏捷开发的影响已经远远超出软件开发，成为商业、军事、风险投资及科研领域进行产品快速研发的重要方法。

实操方法

敏捷开发的流程主要有以下 5 个步骤。

1. 目标确认

由产品负责人和客户确定产品需求，根据用户价值进行优先级排序。

2. 计划制订

由产品负责人和团队将开发任务分解到高频次、短周期的多个阶段，这一系列短周期（通常为 2～4 周）称为"冲刺"或"迭代"，明确在每次冲刺中完成任务的清单，交付一部分功能完善的软件。优先选择相对固定、优先级高的需求和功能进行开发。

3. 团队式工作

倡导团队自我管理和自我组织，团队成员共同承担责任，提倡所有团队成员在一起工作，进行口头交流，及时交流进度、解决问题，采取灵活多样的方式增进团队信任和凝聚力。关键是赋予团队使命感、充分授权，并且确保团队成员具备工作所需的专业能力。

4. 持续改进

在每次迭代结束时，团队会进行回顾，以分析成功和失败的经验，从中学习并改进开发过程，确认下一阶段的开发目标。

5. 反馈与调整

通过定期反馈、演示、验收和测试等活动，及时了解客户或市场需求，集中精力去除不必要的流程，调整开发目标。在一次或几次冲刺后测试产品性能，接受客户反馈，团队与客户确认需求增量，调整最终交付给客户的功能，修订产品清单的优先级，然后继续下一次冲刺，通过多次冲刺，开发出不断接近满足客户需求的产品。

应用案例

华为的集成产品开发践行了敏捷开发的模式，提供了一个清晰、结构化的产品开发流程，包括定义、设计、开发、验证、发布和生命周期管理等阶段。

（1）以市场为导向，强调产品的开发必须紧密围绕市场需求和客户需求进行。

（2）组建跨职能团队。团队通常由来自不同职能领域的成员组成，包括研发、市场、销售、制造、财务等部门，以确保产品从概念到上市的每个环节都得到充分考虑。

四精管理工法

（3）并行推进。不同阶段的产品开发活动可以并行推进，每个项目都实行严格的质量控制，确保实现模块功能。这有助于缩短产品开发周期。

（4）持续改进。通过回顾和学习每个产品开发周期的经验教训，持续改进产品开发流程。鼓励研发团队探索新技术以保持产品的竞争力。

通过集成产品的敏捷开发，华为能够提高产品开发的效率和效果，更好地满足客户需求，快速响应市场变化，并持续推出创新产品。

◎ 经验启示

（1）敏捷开发的思想适用于销售和软件开发等市场敏感度高的产品研发业务，强调客户深度参与，团队需及时响应客户需求和市场需求的变化，调整开发计划，及早发现并解决问题，快速更新迭代，降低项目风险。

（2）需要建立跨部门的产品开发团队，充分授权，尽可能简化工作流程，加快新产品的推出速度。

（3）聚焦核心功能，以需要提供的功能为模块，分解开发任务，从而实现并行推进，缩短大型软件或产品的开发周期。

管理金句

敏捷开发的核心是拥抱变化，而不是抵制它。

——肯特·贝克

第七节　JTBD 模型：追踪用户期望创造产品

◎ 概念阐述

JTBD 模型（Jobs To Be Done）是一种用户需求洞察分析模型，帮助产品设计和研发人员从根本上思考问题，通过发掘用户的期望本质来创造新产品，而不是一味地对标竞品。与传统的产品中心论或用户中心论有所区别的是，JTBD 模型理论的特点是关注结果而非功能。它可以使企业管理者转变思考角度，更加注重思考品牌的定位以及产品带给用户的情感价值。

◎ 形成背景

JTBD 的思想最早来源于经济学家、现代营销学的奠基人之一西奥多·莱维特在 20 世纪 60 年代末提出的观点："人们买的不是东西本身，而是这些东西可以给他们带来的价值。"JTBD 作为一个系统性研究框架，是由哈佛大学教授克莱顿·克里斯坦森在 2003 年出版的《创新者的解答》一书中提出的。他认为，人们购买产品和服务实际上是为了完成某些"待办任务"。我们不仅要考虑顾客需要哪些产品功能，更要考虑顾客的购买行为是为了解决什么问题、实现什么目的。"待办任务"比"需求"更为贴切，因为需求往往难以表达清楚，而待办任务是人们基于特定的场景去完成某一事件的目的和过程。

四精管理工法

实操方法

JTBD 更多地表现为一种思维方式，它聚焦于用户的动机，带着同理心去观察客户，以深入了解隐藏在他们行为背后的真正需求和渴望。我们可以通过分析 JTBD 模型理论任务场景中的六要素，来帮助客户完成他们的"待办任务"。

（1）功能性任务：人们想要完成特定的工作或功能性的目标。

（2）情感性任务：人们完成任务的感受或想要满足自己什么样的感受。

（3）社会性任务：人们如何被他人感知，即想要传递给他人什么样的感受。

（4）进入场景：设想人们完成任务时所处的情景，任务如何一步步完成，思考还有哪些不足。

（5）分析动机：分析是什么阻碍了人们完成这项任务，通常是需要克服的问题或挑战，想办法解决该问题。

（6）期望的结果：设定完成任务的预期结果，以及如何衡量成功。

应用案例

许多爆款产品都体现出 JTBD 模型的开发思维。乔布斯在 1990 年就曾提出，客户无法预测他们没见过的产品，只有把产品摆在眼前，客户才能反馈有用的意见。苹果手机通过极致的体验、简约的设计以及更具科技感的功能，让用户在使用这种产品时有成就感，并很好地彰显了用户的品位和经济实力。1994 年，当宝马收购破产的 MINI 品牌，并加大研发 Cooper 车型时，大量的市场调研数据表明，美国用户对超小型车没有兴趣，只想要更多的 SUV。尽管如此，宝马的决策者们还是毅然"踩下了油门"。2001 年，MINI 被《汽车》杂志评为"历史上最伟大的汽车"。

而判断失误也曾付出过惨痛的代价。20 世纪最大的胶卷公司柯达的失败，就在于错误地理解了人们真正的"待办任务"。柯达误以为潜在客户的拍照目的是将照片冲洗出来，便于纪念和回忆。然而，事实上这个任务不存在，因为被洗出来的 98% 的照片，客户通常只会翻看一到两次。客户真正的"待办任务"是希望将照片分享给他人，特别是不在身边的家人或者朋友，以完成沟通任务。

◎ 经验启示

（1）传统的市场调研愈发不适应新消费时代的快速变化，需要明确顾客试图完成的具体"待办任务"，所设计的产品应当能够同时完成功能性、情感性和社会性任务，功能性任务是基础，而后两者才是与竞品拉开差距的关键。

（2）将 JTBD 模型作为一个持续学习和适应市场变化的过程，研究用户的深层次需求，专注于解决核心的"待办任务"，避免产品功能过度扩展，提供兼具情绪价值和社交价值的爆款产品。

（3）从长期看，开发一系列特色产品，打造品牌 IP，塑造独特的品牌格调，是品牌长盛不衰的关键。

第二章　方法创新

第一节　TRIZ 方法：发明家式的解决途径

◉ 概念阐述

TRIZ 方法，即发明问题解决理论，是一套解决工程技术问题的工具，是一种技术创新理论和方法。TRIZ 方法系统总结了人类以往在发明和创新方面的想法，从中提炼出一系列有效的法则，形成一套有规律可循的非常客观的创新方法，用以指导人们系统、高效地解决未来的问题。

TRIZ 方法在解决问题时，需要先把问题转换为问题的模型，然后从 TRIZ 解决问题的工具中找到解决问题的模型。TRIZ 作为一种解决问题的创新理论，扩展了人们的创新性思维，为不同行业的技术创新问题提供了解决方案和参考建议。

◉ 形成背景

"TRIZ"一词来源于俄文译成拉丁文之后的首字母缩写，中文名称"发明问题解决理论"则来源于其英文名称"Theory of Inventive Problem Solving"。TRIZ 方法由根里奇·阿奇舒勒及其同事在 1946 年首先提出。他们通过对 250 万份专利文献进行研究后，发现在解决一切技术问题时都有一定的模式和规律可循，因此，他们挑选出一些质量上乘的专利进行系统分析并将其解决问题的模式抽取出来，经多年搜集、分析、比较和归纳，研究建立了一整套体系化、实用的发明问题解决方法，为人们获得创新发明提供参考。这就是所谓的 TRIZ 理论。

自创立以来，TRIZ 方法经历了三个发展阶段：第一个阶段为初期创立阶段，这个时期主要是提出和完善 TRIZ 体系；第二个阶段为规模传播阶段，大量的科学家创办公司，开发了一系列基于 TRIZ 理论的系统软件，并为技术公司提供咨询服务，有的公司在这个时候开始引入 TRIZ 理论，如 1995 年宝洁公司开始引入 TRIZ、1998 年三星公司开始引入 TRIZ；第三个阶段为广泛应用阶段，从 2005 年开始，更多世界知名公司引入 TRIZ 理论进行创新，并开始在内部推广，如通用电气公司、西门子公司、飞利浦公司、英特尔公司等。中国的企业，特别是一些国有大型企业也开始利用 TRIZ 来培训员工，解决难题。

经过近 70 年的发展，TRIZ 理论进入成熟期，目前已经被全世界接受、应用。欧洲发达国家在 TRIZ 的理论、技术和应用研究上一直处于世界领先水平。TRIZ 理论在我国也逐渐被接受并被广泛传播，最近几年更是受到政府的高度关注和学术界的重视，很多中央企业纷纷引入 TRIZ 理论，各大高校也开始面向大学生开设 TRIZ 理论相关课程并举办创新比赛，TRIZ 理论得到越来越深入的推广和应用。

◉ 实操方法

TRIZ 具有一套系统的创新方法和工具，其理论体系包括九个部分：八大进化法则、最终理想解、40 个发明原理、39 个工程参数和矛盾矩阵、

四精管理工法

物理矛盾的分离原理、物场模型分析、发明问题的标准解法、发明问题标准算法（又称"ARIZ"）、物理效应和现象知识库。

利用 TRIZ 理论实现创新的过程如图 4-2 所示。

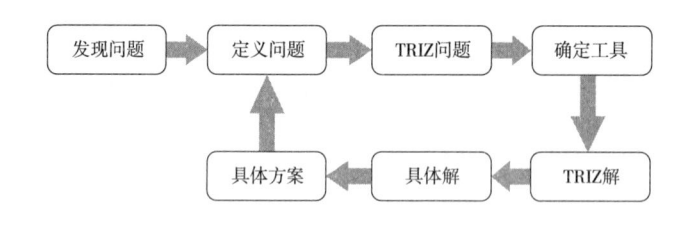

图 4-2　TRIZ 理论应用过程

1. 定义问题并转化为 TRIZ 问题

分析待解决的技术问题，使用 39 个通用工程参数中与该问题相适应的参数来表述待解决的问题，将一个具体的问题转化为 TRIZ 问题。

2. 确定 TRIZ 工具

利用 TRIZ 理论，首先要确定该 TRIZ 问题是技术矛盾还是物理矛盾。如果是技术矛盾，就利用矛盾矩阵从 40 个发明原理当中找到相适应的原理；如果是物理矛盾，就利用分离原理来确定相适应的发明原理。

3. 解决 TRIZ 问题并评估

通过发明原理或分离原理找到 TRIZ 问题的解决方案，并对方案进行评估，如果方案满意可行，就执行该方案，如果方案不可行，就重复所有步骤，直到找到满意可行的方案为止。

○ 应用案例

三星公司的成功离不开创新方法的应用，其中最主要的就是在全公司引入 TRIZ 理论。三星公司建立了专门的创新团队和教育系统，使用和推广 TRIZ 创新工具和方法，为三星后期的自主创新奠定了强有力的技术、人才基础。

1997 年，三星公司开始实施价值创新计划，在研发部门邀请了 10 多名专家开展 TRIZ 培训。这使得 TRIZ 理论在技术人员中广泛应用，不仅节约了大量的研发经费，还让三星电子在 1988 年第一次进入了美国发明专利授权榜前 10 名。随后几年，三星电子的创新能力逐步增强，发明专利授权量也稳步提升。三星公司的成功主要得益于以下两个方面。

1. 重视推动 TRIZ 的应用

三星公司邀请 TRIZ 专家对研发人员进行系统学习和培训，帮助技术人员解决在研发过程中遇到的实际问题。TRIZ 理论的引入加强了三星公司自身的技术创新组织建设。

首先，三星公司在企业内部对 TRIZ 理论进行广泛宣传，使员工认识到创新的必要性，然后邀请 TRIZ 专家进行培训，员工通过学习后对 TRIZ 理论产生认同，且工作能力得到了一定的提升。随后，TRIZ 专家通过负责三星公司的具体 TRIZ 项目对员工进行针对性的培训。通过 TRIZ 专家和员工结合的 TRIZ 项目以及内部员工的 TRIZ 项目，三星公司将员工培训所取得的进步体现于具体 TRIZ 项目的实施中，将理论同实践有机地结合起来，在企业高层领导的介入下，大力推广产品创新的各种工具和方法，使 TRIZ 在三星得到了广泛的认同。

2. 建立有效机制，有机整合各种创新方法

三星建立了系统的应用推广组织体系，在相关部门内部成立了 TRIZ 小组，在 8 名高级 TRIZ 专家的指导下开展工作。三星还成立了 TRIZ 协会，负责 TRIZ 的培训工作，每月定期召开 TRIZ 学术会议，讨论具体的项目和课题，对取得高水平专利的工程师进行表彰等，这些激励措施有效激发了员工的积极性和创造性。

经验启示

在新一轮科技革命和产业革命深入推进的今天，技术创新已经成为企业在激烈的市场竞争中保持领先的关键。TRIZ 作为一种强大的创新工具，为企业管理者提供了一种全新的视角和方法。

1. 培养创新思维

TRIZ 理论提供了一系列的创新工具，如物场模型、矛盾矩阵等，在日常工作中逐渐将 TRIZ 工具引入工作中，灵活运用 TRIZ 的工具方法，能够帮助打破思维定式，激发创新灵感，开发出更多具竞争力的技术和产品。

2. 坚持问题导向

TRIZ 强调以问题为导向，在面对问题时，用 TRIZ 工具分析问题，剖析问题的本质，深入挖掘问题的根源，更加精准有效地找到合适的解决方案。

3. 营造创新氛围

组织员工参加 TRIZ 理论的学习和培训，定期举办 TRIZ 相关的创新交流沙龙和研讨会，定期举办创新大赛促进员工利用 TRIZ 工具进行工作创新。企业通过多种形式的创新思维引导，使得企业内形成创新的浓厚氛围，不仅有利于企业长期稳定，促进企业文化的发展，提高企业的创新能力，更有利于员工间的交流和合作，增强企业凝聚力。

管理金句

> 创新并不是凭空产生的，而是可以通过系统性的方法和原则来推动的。
>
> ——根里奇·阿奇舒勒

四精管理工法

第二节　EDA 软件：工业设计发展的基石

◎ 概念阐述

EDA 是电子设计自动化（Electronic Design Automation）的缩写，是指以计算机为工作平台，将应用电子技术、计算机技术、信息处理技术和智能化技术的最新成果相结合，从而实现电子产品的自动化设计。EDA 软件是专门用于实现电子设计自动化工作的软件系统，它是一种工业软件，旨在提升设计能力并加速设计自动化过程。

◎ 形成背景

20 世纪 70 年代，场效应管（MOS）工艺在集成电路制造中普及，可编程逻辑技术及器件问世，计算机成为重要的科研工具。在这一阶段的后期，CAD（计算机辅助设计）的概念应运而生，人们开始用计算机辅助进行集成电路版图编辑。20 世纪 80 年代，集成电路设计进入互补场效应管（CMOS）时代，复杂可编程逻辑器件和相应的辅助设计软件开始在商业中应用。20 世纪 90 年代，硬件描述语言标准化推动了电子设计自动化技术的发展，集成电路设计进入超深亚微米时代，EDA 工具软件不断成熟。进入 21 世纪后，EDA 技术进一步发展，例如，EDA 软件在仿真和设计中支持标准硬件语言，并不断推陈出新。

◎ 实操方法

EDA 软件的操作一般包括以下步骤，具体操作方法可能会因 EDA 软件的不同而有所区别。

1. 确定设计需求

明确电路或系统的设计目标及要求，包括功能、性能、功耗、可靠性等关键要素。

2. 确定设计平台

选择合适的 EDA 软件平台，根据设计需求和电路类型，选择相应的工具和环境。

3. 电路建模与原理图输入

使用 EDA 软件创建电路模型，可通过硬件描述语言或原理图输入工具来完成。

4. 设计仿真

运用 EDA 软件进行电路仿真，包括逻辑仿真、时序仿真、混合信号仿真等，以评估电路的性能。

5. 逻辑综合与优化

对于数字电路设计，使用 EDA 软件进行逻辑综合，将逻辑描述转换为门级电路网表，并进行优化，以提升电路性能，降低功耗。

四精管理工法

6. 布局布线

对于集成电路设计,使用 EDA 软件进行布局布线,包括元件放置、导线连接等步骤。

7. 特性提取与验证

通过 EDA 软件进行特性提取,评估电路的电气特性,如延迟、功耗、噪声等,验证设计是否满足规格要求。

8. 生成产物

根据设计的需求,使用 EDA 软件生成产物,如物理设计数据、电路网表、布局布线图、测试模式等。

9. 评估和优化

根据 EDA 软件提供的评估结果和数据,进行电路性能的评估和优化,以满足设计目标。

◉ 应用案例

在华为,EDA 软件广泛应用于集成电路设计和验证的各个方面。

(1)华为工程师使用 EDA 软件进行电路设计,包括逻辑设计和物理设计。他们使用硬件描述语言或原理图输入工具构建电路的逻辑结构,添加、配置电路元件,并进行连线和布局。

(2)EDA 软件支持时序分析,帮助华为工程师评估芯片设计的时序特性。他们可以使用时序分析工具来检查和优化芯片的时序性能，以确保芯片在工作频率下正常运行。

（3）华为非常注重芯片的功耗性能，EDA 软件提供了功耗分析和优化工具，帮助工程师评估和改进芯片的功耗特性。借助这些工具，华为可以降低芯片的功耗，从而延长电池寿命并提高能效。

经验启示

EDA 技术为很多行业带来了创新和改进的机会，具体表现为以下几个方面。

（1）通过数据分析和可视化，可以识别系统中的瓶颈和潜在的优化空间。

（2）对新项目进行潜力评估和可行性分析，同时执行风险管理并开展市场预测。

（3）提升行业效率，实现资源的最优配置，助力可持续发展。

管理金句

> 工业创新不仅是技术的进步，更是人类生活方式的变革。
>
> ——比尔·盖茨

> 四精管理工法

第三节　数字孪生：创造可控的数字化克隆体验

◎ **概念阐述**

数字孪生是指利用物理模型、传感器及运行历史等数据，集成多学科、多物理量、多尺度及多概率的仿真过程，在虚拟环境中完成映射，从而反映相应实体设备的全生命周期过程。简而言之，数字孪生就是通过在数字空间中创建设备或系统的克隆体（数字孪生体）来对该设备或系统进行动态仿真。

◎ **形成背景**

数字孪生这一概念最早由迈克尔·格里夫斯教授于2003年提出。2011年，美国空军研究实验室的帕米拉·科布伦和埃里克·蒂格尔在一份报告中首次提到了数字孪生。数字孪生的应用逐渐广泛，美国空军研究实验室将数字孪生概念用于战斗机的数字化维护；通用电气公司则在为美国国防部设计F-35联合攻击机解决方案的过程中，开始探索数字孪生体系；德国西门子公司开始在工业信息化领域推进数字孪生建设。2015年左右，我国的多家科研机构和高科技企业也开始研究数字孪生技术。从那以后，数字孪生的概念在互联网和多个行业中逐渐流行，并延续至今。

实操方法

数字孪生技术的操作一般包括以下步骤,其顺序和具体实施方式可能因应用场景和要求而有所不同。

1. 确定建模目标

确定需要进行数字建模的实体或系统,可以是一个物理设备、一个生产线、一个建筑物或一个完整的工厂等。

2. 数据收集及预处理

收集与目标实体或系统相关的数据,确保数据的准确性和完整性。对收集的数据进行预处理,以提升数据的质量和准确性。

3. 数字建模

利用收集到的数据,通过建模工具、仿真软件或编程语言构建数字孪生模型,确保模型能够准确反映实体或系统的行为及性能。

4. 参数校准及模型验证

将数字孪生模型与实体或系统进行对比,根据对比结果调整模型参数,以提高模型的准确性,并对数字孪生模型进行验证,确保其能够准确模拟实体或系统的行为。

5.监控和优化

使用数字孪生模型对实体或系统进行实时监测和优化。通过与数字孪生模型进行对比,可以及时发现异常情况,并采取相应措施进行调整和优化。

应用案例

数字孪生技术目前已被广泛应用于众多领域,包括智能制造、轨道交通、航空航天、智慧医疗、智慧城市等。

在能源领域,数字孪生技术可助力企业进行能源管理及优化。企业可以建立基于数字孪生的能源网格数字化模型,实时监测能源的产生、转换和消耗,提高能源生产与使用效率,降低成本并减轻环境污染。例如,在电力行业,数字孪生技术可以模拟发电设备、能源资源和电网之间的交互作用,优化能源产量及调度,提高发电效率。同时,该技术还能实时监测设备状态,预测维护需求,预防意外故障,减少停机时间,降低维护成本。

在油气领域,数字孪生技术也发挥着重要作用,实现地上、地下的全面协调,推动企业在勘探开发、炼油化工、油气销售、业务培训等方面的数字化转型。例如,法国道达尔公司利用该技术缩短项目调试周期,美国艾默生公司应用该技术重构海上生产环境,荷兰壳牌公司利用该技术优化资产使用寿命。我国企业也在油气领域积极探索数字孪生技术,包括提升油气井施工效果质量、人工举升校准、地下管网运行优化以及设备资产运维等方面。

经验启示

数字孪生技术为很多行业带来了创新和改进的机会,具体表现在以下几个方面。

(1)通过创建与物理实体相对应的虚拟模型,能够实时监控和分析系统运行状态,优化资源配置,从而提升运营效率。

(2)通过模拟不同场景下的系统行为,可提前识别潜在问题,并进行预防性维护措施,以降低运营成本。

(3)有助于评估新项目的可行性,进行精准的风险管理和预测,从而支持数据驱动的决策制定,推动行业的整体效率提升。

管理金句

> 虚拟即现实。
>
> ——史蒂夫·乔布斯

第四节　深度神经网络：
用 ChatGPT 一类的工具提高效率

◎ **概念阐述**

深度神经网络是一种人工智能算法，用于让机器以类似人脑思考的方式处理数据，可应用于众多工作场景中，让机器协助人类解决各类复杂问题，如故障检测、个性化推荐、垃圾邮件过滤、异常数据检测等。

作为驱动本次科技革命的重要动力之一，深度神经网络代表着新一代人工智能，具备强大的认知和学习能力，并能够生成知识和更好地运用知识，目前已成为全球科技与产业竞争的焦点。

深度神经网络模仿人脑的层级结构，由多个相互连接的层级构成，每个层级都设有若干神经元（图 4-3）。这些不同层的神经元之间具有不同连接强度，即不同权重，由此模型能够将输入数据转换为输出结果。

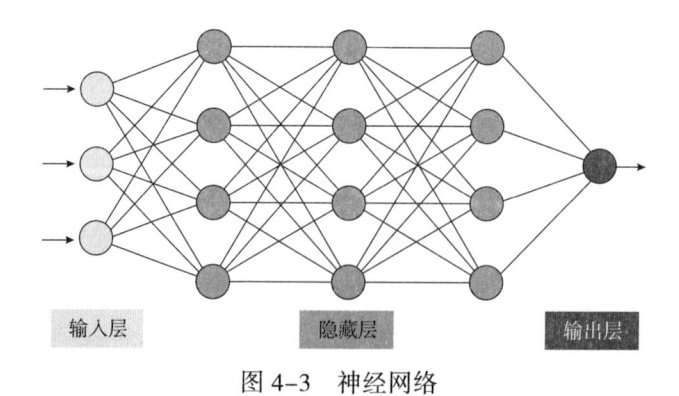

图 4-3　神经网络

形成背景

2006年，杰弗里·辛顿在《科学》上发表学术文章，提出"深度神经网络算法"，即通过无监督的学习方法逐层训练，再使用有监督的反向传播算法进行调优。文章一经发表，在学术圈引起了巨大的反响，斯坦福大学、加拿大蒙特利尔大学、纽约大学等成为研究深度学习的重镇，自此开启了深度神经网络在学术界和工业界的浪潮。

2012年，深度神经网络技术在图像识别领域取得突破性效果。2014年，脸书基于深度学习技术的DeepFace项目，人脸识别的准确率高达97%以上。2016年3月，谷歌旗下的深灵公司开发的基于深度神经网络算法的AlphaGo机器人与围棋世界冠军、职业九段棋手李世石进行围棋人机大战，以4比1的总比分获胜。2017年，深度神经网络算法在医疗、金融、艺术、无人驾驶等多个领域均取得了显著的成果。2022年11月，OpenAI开发出一款聊天生成预训练转换器（ChatGPT），产品上线两个月即拥有上亿用户。与此同时，其他内容生成工具如Bard、Claude、Midjourney等也受到广泛关注。

实操方法

在此以ChatGPT软件为例，分享从深度神经网络工具中获取更好结果的策略和技巧。以下方法可以组合使用，以获得更好的效果。

1. 提出清晰具体的指令

尽管ChatGPT能够提供丰富的答案，但有时因为人们无法明确给出清晰具体的指示，而无法输出人们想要的答案。ChatGPT需要猜测的越少，

四精管理工法

就越有可能输出人们想要的结果。相关策略包括：在查询中包含细节以获取相关的答案；要求模型采用角色扮演的方式；使用分隔符清楚地指示输入的不同部分；指定完成任务所需的步骤；提供示例；指定所需输出的长度。

2. 提供相关参考文本

ChatGPT 提供的答案有时是虚构的，而且让人难以察觉，特别是在涉及奇特主题、引用和网络链接时。向 ChatGPT 提供参考文本可以帮助其回答时减少虚构内容。相关策略包括：指示模型使用参考文本回答问题；指示模型使用参考文本中的引文回答问题。

3. 将复杂任务分解为简单子任务

复杂任务往往比简单任务有更高的错误率，因此需要将复杂任务重新分解为一系列简单任务的工作流程，早期任务的输出用于构建后续任务的输入。相关策略包括：使用意图分类来识别用户查询的相关指示；对于需要非常长对话的应用程序，对先前的对话进行概述或过滤；分段概述长文档，并递归构建完整概述。

总体而言，应用 ChatGPT 可以套用以下公式：角色 + 明确任务目标 + 任务描述 / 背景信息 + 输出要求 + 人工修改，如"作为一名经验丰富的市场营销人员，请撰写一篇产品文案，要求以温馨的风格介绍该产品的外观、性能、使用效果和优势，以此吸引顾客购买"。对于生成的内容，可根据回答结果进行人工修改，或进一步完善提问，直至结果满足要求。

应用案例

中国石油工程材料研究院已将深度神经网络算法应用于识别材料中存在缺陷的工作。根据深度神经网络在计算机视觉方面准确、高效的特点，研究院利用该类算法检测金属材料中的缺陷和问题。

设备材料内部的组织结构决定着设备质量，以往主要是通过人工显微手段进行观察和检测，分析设备材料质量。对材料的显微组织分析需要专业能力强、经验丰富的技术人员，根据显微照片中金属组织的颜色、形态、分布特征判断其所属的组织构成类别。但这类分析过程中往往带有技术人员的主观性，准确率只有60%左右，并且十分费时。

研究院基于深度神经网络算法的图像识别技术开发研究的智能识别方法有效解决了这一问题。智能算法通过对不同特征的材料缺陷进行有效提取，并对金属材料不同类型的显微组织进行智能分类，可以快速强化有用信息，消除无关信息。应用深度神经网络的设备材料质量检测，准确率能够提升至91%，原本数小时的工作可缩短至1分钟以内。

经验启示

随着智能算法的加速普及，越来越多的重复性工作、简单工作、记忆性工作等将会被智能算法代替，甚至某些知识型工作也会被取代。对此，应注意以下几点。

（1）要将智能算法作为重要的生产力来看待。新时代人工智能技术和设备能够代替人类从事部分脑力和体力劳动，把人类从危险、繁重的劳动场景中解放出来。

四精管理工法

（2）要深刻理解工作背后的原理。我们要比机器更加清楚我们所做工作的目标和要求，从而能够向机器提出清晰准确的任务指令，并能够判断机器提供的答案是否正确合理。

（3）要对工作时刻保持创造性和探索性。智能算法挑战了传统的思维方式，但最终的决策和实践还是取决于人类。在未来，人们会更多地在智能算法的辅助下寻找新的解决方案，创造性是人们不可替代的生存本源。

管理金句

人工智能的真正挑战在于如何让深度神经网络不仅能学习数据，还能理解数据。

——彼得·诺维格

第五节　虚拟现实：创造身临其境的工作体验

◎ 概念阐述

虚拟现实（Virtual Reality，简称 VR）是一种融合了计算机技术、传感器技术、心理学及生理学的综合技术。它通过计算机创建高度逼真的虚拟环境，借助多种传感设备使人产生身临其境的体验，同时实现人与虚拟环境的自然交互。

◎ 形成背景

1962 年，莫顿·海利希发明的设备"传感影院"（Sensorama 立体电影系统）被普遍认为是 VR 技术的雏形，它具有声音、气味和座位摇摆效果，但没有交互功能。1965 年，伊万·萨瑟兰在论文《终极显示》中首次提出观察者进入沉浸式互动环境的假设，被誉为"虚拟现实技术之父"。20 世纪 90 年代，随着计算机技术等科学技术的进步，虚拟现实技术进入了快速发展时期。由于 VR 的学科综合性和不可替代性，以及经济、社会、军事领域越来越大的应用需求，2006 年国务院颁布的《国家中长期科学和技术发展规划纲要》将 VR 技术列为信息领域优先发展的前沿技术之一。目前，虚拟现实技术在教育、医疗、建筑等多个领域得到广泛应用，科技公司纷纷推出新产品，为用户提供了全新的沉浸式体验。

🔧 四精管理工法

◯ 实操方法

运用虚拟现实技术进行创新的过程如下。

1. 用户需求分析

了解目标用户的需求和使用环境，明确设计目标和核心功能。

2. 界面设计

设计直观、易用的用户界面，包括交互方式、菜单布局、控制方式等，以提供良好的用户体验。

3. 三维模型和场景设计

创建逼真的三维模型和虚拟场景，包括物体的外观、纹理、光照效果等，以增强用户的沉浸感。

4. 用户交互设计

确定用户与虚拟环境的交互方式，如手势识别、头部追踪、语音命令等，以便用户可以自然而直观地与虚拟环境进行互动。

5. 真实感呈现

利用图形渲染技术、物理模拟等方法，提高虚拟环境的真实感，包括细致的物理效果、逼真的音效等。

6. 用户测试与迭代

开展用户测试，收集反馈信息，持续改进并优化设计，确保虚拟现实系统能够满足用户的需求。

● 应用案例

虚拟现实技术因能重现真实环境并实现人机互动，已在众多领域得到广泛应用。随着技术的深度融合，虚拟现实技术在工业、党建、教育等方面取得了显著发展。

在工业领域，虚拟现实技术的应用已经变得非常普遍。例如，在汽车设计过程中，设计师可以利用虚拟现实技术创建三维汽车模型，展示汽车的悬挂系统、底盘结构和内饰细节。这些模型不仅帮助设计者评估各个部件的质量，还能了解它们的运行性能。这些高精度的三维模型为汽车的大规模生产提供了计算机数据支持。

在党建领域，可以通过使用VR智慧沙盘、VR党建交互机柜、VR党建观景台等设备，开展党务工作，推动党史学习教育。这些设备提供了全方位的视听体验，创造了沉浸式和互动性强的学习环境，打破了传统红色教育在时间和空间上的限制。通过虚拟现实技术，可以真实地再现红色革命场景，促进党员学习教育的深化。例如，在红色主题教育展览中，虚拟现实技术使人们能够"走进"历史遗址，重温工人运动和长征的艰辛历程，让历史的记忆深入人心。

在教育领域，虚拟现实技术提供了一种直观、有效的方式来帮助学习者掌握新知识和技能。它能够清晰地展示三维空间中的物体，并允许学习

> 四精管理工法

者直接与虚拟环境中的对象互动。例如，在学习机械装置如水轮发电机时，传统的教学方法可能依赖于图示或录像，这些方法往往难以让学生清晰理解装置的运行过程和内部原理。虚拟现实技术则能够直观地展示这些装置的复杂结构和工作原理，以及各个零件在运行时的状态。此外，它还能模拟部件故障的情况，为学生提供全面的虚拟实物考察、操作和维修的模拟训练机会，极大地提升了教学效果。

◎ 经验启示

虚拟现实技术凭借其沉浸式体验和高度仿真的特性，在众多行业中展现了显著的优势。

（1）在医疗领域，它被用于模拟复杂的外科手术，使医生能够在无风险的环境中练习，提高手术成功率。

（2）在电子商务行业，它提供了虚拟试穿等全新的购物体验，帮助消费者做出更明智的购买决策。

（3）在能源行业，它的优势尤为突出。对于诸如油井钻探、发电厂维护等高风险、高复杂性的操作，虚拟现实技术能够提供一个仿真的模拟环境，用于员工培训，从而提升操作的安全性和效率。此外，该技术还能帮助能源行业在设施设计和规划方面取得进展。通过构建虚拟环境和模型，能源公司在实际建设前可以进行可视化的预览和模拟，评估不同设计方案的成效和可行性，有助于降低错误和成本，推动能源行业的可持续发展。

参考文献

［1］葛俊.高效研发：硅谷研发效能方法与实践[M].北京：机械工业出版社，2022：489-494.

［2］张梦颀，王会良.美孚石油公司平衡计分卡管理实践与借鉴[J].国际石油经济，2014，（7）：48-53.

［3］北京燕京啤酒集团公司.企业"聚变"式发展及其管理[J].现代企业，2002，（4）：6-8.

［4］李践，黄强.无条件增长：必然增长的十大规律[M].北京：中信出版集团，2018：105.

［5］李践.赢利：未来10年的经营能力[M].北京：中信出版集团，2021：145-155.